초등 국어 어휘력이 독해력이다 ✚ 플러스

관용어 편

1

특징

독해 전, 어휘 먼저 학습

<초등 국어 어휘력이 독해력이다 플러스 관용어편1>은 '어휘→문장→글'로 이어지는
3단계 학습법을 통해 어휘력과 독해력을 체계적으로 기를 수 있도록 구성했습니다.

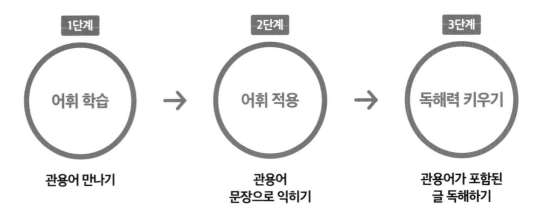

1단계		2단계		3단계
어휘 학습	→	어휘 적용	→	독해력 키우기
관용어 만나기		관용어 문장으로 익히기		관용어가 포함된 글 독해하기

교과 어휘, 교과 연계 주제

<초등 국어 어휘력이 독해력이다 플러스 관용어편1>의 학습 어휘는 교과서에서 자주 사용되는
어휘를 선별하여 구성했습니다. 그리고 교과 내용과 밀접하게 연계된 주제로 지문을 구성했습
니다. 교과 어휘로 어휘력을 키우고, 교과 연계 주제로 독해력을 키우는 동시에 교과 수업도 미
리 준비할 수 있습니다.

▶ **3학년** 국어, 과학, 사회
▶ **4학년** 국어, 과학, 사회, 도덕
▶ **5학년** 사회

관용어 학습으로 어휘력 쑥쑥

<초등 국어 어휘력이 독해력이다>에서 기본적인 교과 어휘 위주로 학습했다면 <초등 국어 어
휘력이 독해력이다 플러스 관용어편1>에서는 심화 어휘인 관용어를 학습하며 어휘력을 한층
더 향상시킬 수 있습니다.

학습 어휘, 본문에 나오는 어휘의 뜻과 예문은 국립국어원 <표준국어대사전>과 <한국어기초
사전>을 참고했습니다.

몸과 관련된 관용어 학습

관용어는 둘 이상의 단어가 결합해 원래의 뜻과는 전혀 다른 새로운 뜻으로 굳어져서 쓰이는 표현입니다. 따라서 관용어는 각 단어들의 뜻만으로는 전체 의미를 알기 어려우므로 문맥이나 상황을 바탕으로 그 뜻을 유추해야 합니다. 또한 단순히 뜻만 알아서는 관용어를 문맥에 맞게 사용하기 어려우므로 관용어의 쓰임새를 알아야 적절하게 쓸 수 있습니다. 뜻은 물론이고, 문맥과 쓰임새까지 알아야 하는 관용어 학습법은 기존의 어휘 학습법과 다르기 때문에 아이들이 어렵고 낯설게 느낄 수 있습니다.

<초등 국어 어휘력이 독해력이다 플러스 관용어편1>은 익숙한 주제인 '몸'과 관련된 관용어로 구성되어 있습니다. 따라서 아이들이 관용어를 쉽고 재미있게 학습할 수 있으며, 그동안 어렵게 느껴졌던 관용어 학습에 대한 첫발을 뗄 수 있을 것입니다.

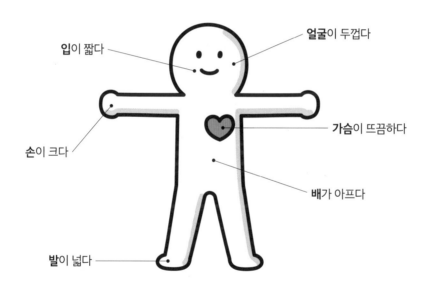

관용어 뜻, 쓰임새까지 한 번에!

<초등 국어 어휘력이 독해력이다 플러스 관용어편1>에서는 관용어의 뜻을 배운 뒤, 예문을 통해 문장 내에서 관용어가 어떻게 쓰이는지 실제 쓰임새까지 한 번에 배울 수 있습니다. 이를 통해 아이들은 각 상황에 적절한 관용어를 사용하는 능력, 관용어를 활용해서 자신의 생각을 효과적으로 나타내는 능력을 기를 수 있습니다.

구성

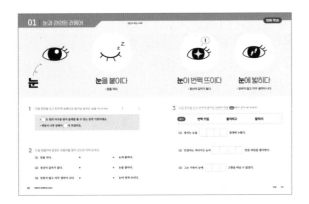

1단계 어휘 학습

이미지로 배우는 학습 어휘
이미지를 통해 학습 어휘인 관용어의 의미를 직관적으로
이해하고, 쉽고 재미있게 익힙니다.

유형별 학습
빈칸 채우기, 선 긋기 등 여러 유형의 문제를 풀면서
관용어의 뜻을 다시 한번 확인합니다.

2단계 어휘 적용

예문으로 쓰임새 알기
학습 어휘가 포함된 문장을 통해 관용어의 쓰임새를 확인
합니다.

관용어에 따른 의미 변화 알기
관용어가 사용된 문장과 관용어가 사용되지 않은 문장을
비교하면서, 관용어에 의해 문장의 의미가 어떻게 달라지는지
알 수 있습니다.

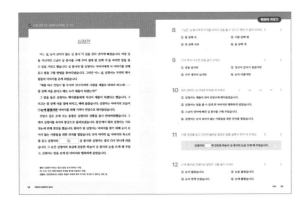

3단계 독해력 키우기

교과 연계 지문으로 교과 학습 준비
교과 내용과 연계된 지문을 읽으며 교과 학습에 도움이 되는
다양한 배경지식을 쌓을 수 있습니다.

유형별 독해 문제
주제 찾기, 세부 사항, 빈칸 추론 등 다양한 유형의 문제를
풀면서 독해력을 키울 수 있습니다.

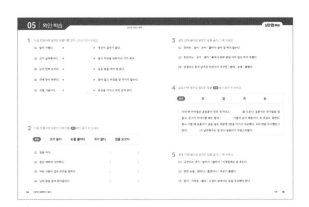

확인 학습

앞서 배운 관용어와 관련된 문제를 풀면서 관용어를 다시
한번 복습합니다.

쉬어가기

해당 단원에서 다룬 주제와 관련된 관용어, 속담에 대해
알아보거나 몸과 관련된 다의어, 동형어에 대해 알아봅니다.

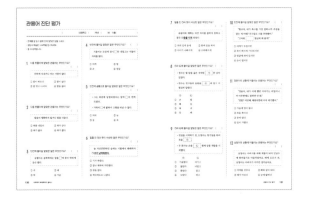

관용어 진단 평가

실제 시험과 유사한 형태의 문제를 풀며 앞서 학습했던
관용어를 확인하고 학교 시험에도 대비할 수 있습니다.

차례

3단원

4단원

글 주제 / 교과 연계

1단원

눈과 관련된 관용어

코와 관련된 관용어

귀와 관련된 관용어

입과 관련된 관용어

01 | 눈과 관련된 관용어

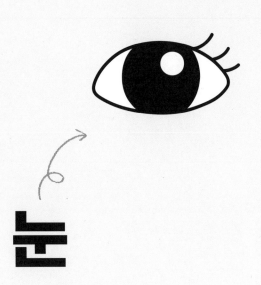

눈

눈을 붙이다

: 잠을 자다.

1 다음 문장을 읽고 빈칸에 공통으로 들어갈 알맞은 말을 써 보세요. (   )

> • ☐은 빛의 자극을 받아 물체를 볼 수 있는 감각 기관이에요.
> • 햇빛이 너무 강해서 ☐이 부셨어요.

2 다음 뜻풀이에 알맞은 관용어를 찾아 선으로 이어 보세요.

(1) 잠을 자다. •   • 눈에 밟히다.

(2) 정신이 갑자기 들다. •   • 눈을 붙이다.

(3) 잊히지 않고 자꾸 생각이 나다. •   • 눈이 번쩍 뜨이다.

눈이 번쩍 뜨이다

: 정신이 갑자기 들다.

눈에 밟히다

: 잊히지 않고 자꾸 생각이 나다.

3 다음 문장을 읽고 빈칸에 들어갈 알맞은 말을 **보기** 에서 골라 써 보세요.

보기	번쩍 뜨일	붙이려고	밟혀서

(1) 영지는 눈을 [ ][ ][ ][ ] 침대에 누웠다.

(2) 민경이는 자다가도 눈이 [ ][ ] [ ][ ] 만큼 과일을 좋아한다.

(3) 그는 가족이 눈에 [ ][ ][ ] 고향을 떠날 수 없었다.

4 밑줄 친 부분과 뜻이 비슷한 말을 골라 보세요. ( )

> 그는 복권에 당첨되었다는 말에 **눈이 번쩍 뜨였다.**

① 잠을 잤다.

② 정신이 갑자기 들었다.

③ 잊히지 않고 자꾸 생각이 났다.

5 밑줄 친 부분과 바꾸어 쓸 수 있는 말을 골라 보세요. ( )

> 진주는 잠을 설치다가 새벽녘이 돼서야 **잠을 잤다.**

① 눈이 번쩍 뜨였다.

② 눈에 밟혔다.

③ 눈을 붙였다.

6 다음 중 '눈을 붙이다'가 관용어로 사용된 문장을 골라 보세요.　　　　（　　　　）

> ㉠ 현아는 인형에서 눈이 떨어진 것을 보고, 풀로 **눈을 붙여** 주었다.
>
> ㉡ 창문 밖에서 소리가 나서 밤새 **눈을 붙일** 수가 없었다.

① ㉠

② ㉡

③ ㉠, ㉡

7 다음 일기를 읽고 빈칸에 들어갈 내용으로 알맞은 것을 골라 보세요.　　　　（　　　　）

> **20○○년 6월 ○일**
>
> 강아지 두리는 어제부터 우리 가족과 함께 살게 되었다. 오늘은 온종일 집에 혼자 있을 두리가 　　　　　　　　 수업에 집중하기 어려웠다. 두리도 학교에서 함께 공부하면 얼마나 좋을까?

① 눈이 번쩍 뜨여서

② 눈을 붙여서

③ 눈에 밟혀서

심청전

어느 날, 눈이 보이지 않는 심 봉사*가 길을 걷다 냇가에 빠졌습니다. 마침 길을 지나가던 스님이 심 봉사를 구해 주며 절에 쌀 삼백 석*을 바치면 앞을 볼 수 있을 거라고 했습니다. 심 봉사의 딸 심청이는 아버지에게 이 이야기를 전해 듣고 쌀을 구할 방법을 찾아다녔습니다. 그러던 어느 날, 심청이는 우연히 뱃사람들의 이야기를 듣게 되었습니다.

"배를 타고 인당수*를 무사히 건너가려면 사람을 제물로 바쳐야 하는데…….
쌀 삼백 석을 준다고 해도 누가 제물이 되겠는가?"

그 말을 들은 심청이는 뱃사람들에게 자신이 제물이 되겠다고 했습니다. 그러고는 쌀 삼백 석을 절에 바치고, 배에 올랐습니다. 심청이는 아버지의 모습이 ㉠**눈에 밟혔지만** 아버지를 위해 기꺼이 인당수로 뛰어들었습니다.

인당수 깊은 곳에 사는 용왕은 심청이의 상황을 몹시 안타까워했습니다. 그래서 심청이를 육지의 왕궁으로 돌려보냈습니다. 왕궁에서 왕과 심청이는 서로 첫눈에 반해 혼인을 했습니다. 왕비가 된 심청이는 아버지를 찾기 위해 눈이 보이지 않는 사람들을 위한 잔치를 열었습니다. 잔치 마지막 날, 아버지의 목소리를 듣고 심청이의 [㉡] 심 봉사와 심청이는 결국 다시 만나게 되었습니다. 그 순간 심청이의 효심에 감동한 하늘이 심 봉사의 눈을 뜨게 해 주었고, 심청이는 앞을 보게 된 아버지와 행복하게 살았습니다.

---

*봉사: (낮잡아 이르는 말로) 앞을 보지 못하는 사람.
*석: 곡식, 가루, 액체 따위의 부피를 잴 때 사용하는 단위.
*인당수: (심청전에서) 사람을 제물로 바쳐야 배가 무사히 지나갈 수 있다는 깊은 물.

8 스님은 심 봉사에게 무엇을 바쳐야 앞을 볼 수 있다고 했는지 골라 보세요. (   )

① 쌀 삼백 석   ② 사람 삼백 명

③ 붓 삼백 자루   ④ 돌 삼백 개

9 ㉠과 뜻이 비슷한 말을 골라 보세요.   (   )

① 잠을 잤지만   ② 정신이 갑자기 들었지만

③ 자꾸 생각이 났지만   ④ 눈이 아팠지만

10 일이 일어난 순서대로 번호를 써 보세요.   (→   →   →   )

① 심청이는 제물이 되어 인당수에 뛰어들었습니다.

② 심청이는 앞을 볼 수 있게 된 아버지와 행복하게 살았습니다.

③ 스님이 냇가에 빠진 심 봉사를 구해 주었습니다.

④ 심청이는 눈이 보이지 않는 사람들을 위한 잔치를 열었습니다.

11 다음 문장을 읽고 빈칸에 들어갈 알맞은 말을 글에서 찾아 써 보세요.   (   )

심청이의 [   ] 에 감동한 하늘이 심 봉사의 눈을 뜨게 해 주었습니다.

12 ㉡에 들어갈 관용어로 알맞은 것을 골라 보세요.   (   )

① 눈이 많았습니다.   ② 눈을 붙였습니다.

③ 눈이 번쩍 뜨였습니다.   ④ 눈에 밟혔습니다.

정답과 해설 134쪽

코

코가 빠지다

: 걱정을 많이 하여 힘이 빠지다.

1 다음 문장을 읽고 빈칸에 공통으로 들어갈 알맞은 말을 써 보세요. ( )

- ☐ 는 숨을 쉬고 냄새를 맡는 감각 기관이에요.
- 감기에 걸렸더니 ☐ 가 막혀서 숨을 쉬기 힘들어요.

2 다음 뜻풀이에 알맞은 관용어를 찾아 선으로 이어 보세요.

(1) 걱정을 많이 하여 힘이 빠지다. ● ● 코가 빠지다.

(2) 몹시 무안을 당하거나 기가 죽다. ● ● 코가 높다.

(3) 잘난 체하며 거만하다. ● ● 코가 납작해지다.

코가 납작해지다

: 몹시 무안*을 당하거나 기가 죽다.

코가 높다

: 잘난 체하며 거만하다.

* **무안**: 얼굴을 들지 못할 만큼 수줍거나 창피함.

3 다음 문장을 읽고 빈칸에 들어갈 알맞은 말을 [보기]에서 골라 써 보세요.

보기	납작해졌다	높아서	빠진

(1) 시험을 망친 보경이는 코가 [ ][ ] 모습으로 집에 왔다.

(2) 늘 자신만만하던 지수는 시합에서 패배하자 코가 [ ][ ][ ][ ][ ].

(3) 그는 코가 [ ][ ][ ] 주변 사람들을 무시하고는 했다.

4 밑줄 친 부분과 뜻이 비슷한 말을 골라 보세요. ( )

> 시현이는 **코가 빠져서** 아무 일도 하지 못했다.

① 힘이 빠져서

② 몹시 무안을 당해서

③ 잘난 체하며 거만해서

5 밑줄 친 부분과 바꾸어 쓸 수 있는 말을 골라 보세요. ( )

> 경민이는 자신이 무시했던 진영이에게 패배하자 **기가 죽었다.**

① 코가 높아졌다.

② 코가 빠졌다.

③ 코가 납작해졌다.

6 다음 중 관용어 '코가 높다'를 바르게 사용한 친구를 골라 보세요. ( )

> 지후: 내 동생은 **코가 높아서** 겸손하지 않아.
>
> 민영: 오늘 경기에서 내가 이기는 바람에 승윤이의 **코가 높아졌어.**

① 지후

② 민영

③ 지후, 민영

7 다음 대화를 읽고 빈칸에 들어갈 내용으로 알맞은 것을 골라 보세요. ( )

> 현우야, 왜 이렇게 [   ]
>
> 가장 아끼는 장난감을 잃어버렸거든.
> 아무리 찾아봐도 내 장난감이 안 보여.

① 코가 납작해져 있어?

② 코가 높아?

③ 코가 빠져 있어?

축구 시합

오늘은 1반과 축구 시합을 했다. 지난번 시합에서는 마지막에 1반이 골을 넣는 바람에 우리 반이 졌지만, 오늘 시합에서는 꼭 이기고 말겠다고 다짐했다. 그런데 1반 주장 김태성이 내게 다가와서는 놀리듯이 말했다.

"지난번 시합에서 져서 ㉠**코가 납작해진** 신재민! 그동안 축구 연습은 좀 했니? 이번에도 우리 1반이 이길걸?"

태성이는 축구 실력이 뛰어나지만 　　㉡　　 겸손하지 않아서 친구들과 사이가 좋지 않았다. 비아냥거리는* 태성이 때문에 잠깐 화가 났지만, 마음을 가라앉히고 시합에 집중했다.

전반전에는 1반이 아주 전투적으로 공격해 왔다. 하지만 우리 반도 그동안 연습을 꾸준히 했기 때문에 1반의 공격을 잘 막아 낼 수 있었다. 후반전에는 내가 찬 공이 골키퍼의 손가락을 아슬아슬하게 스치고 골대로 들어가 골인이 됐다. 내 축구 실력을 제대로 보여 준 것 같아 무척 뿌듯했다.

이번 시합은 우리 반의 승리로 끝났다. 태성이는 내 축구 실력이 이렇게 뛰어난 줄 몰랐다며 깜짝 놀랐다고 했다. 그러고는 비아냥거려서 미안하다고 손을 내밀며 사과했다. 자신의 잘못을 인정하고 진심으로 사과하는 태성이의 모습이 인상 깊었다. 나는 태성이의 사과를 받아 주었고, 다음 시합에서 더 멋진 골을 보여 주겠다고 했다. 태성이도 웃으며 다음 시합은 1반이 이길 수 있도록 연습하겠다고 했다.

***비아냥거리다**: 자꾸 비웃는 말을 하며 놀리다.

8 오늘 재민이는 무엇을 했는지 골라 보세요.　　　　　　　(　　　)

① 야구 시합　　　　　　　　　② 축구 시합

③ 달리기 시합　　　　　　　　④ 농구 시합

9 ㉠과 뜻이 비슷한 말을 골라 보세요.　　　　　　　(　　　)

① 냄새를 맡은　　　　　　　　② 잘난 체 하는

③ 걱정이 많은　　　　　　　　④ 기가 죽은

10 이 글을 읽고 올바르게 말한 친구를 골라 보세요.　　　　(　　　)

① 현우: 지난번 축구 시합에서는 재민이네 반이 1반을 이겼어.

② 하은: 시합 전, 재민이는 태성이에게 축구 연습 좀 하라며 비아냥거렸어.

③ 세정: 전반전에 1반 주장인 김태성이 골을 넣었어.

④ 시우: 후반전에 재민이가 한 골을 넣었어.

11 다음 문장을 읽고 빈칸에 들어갈 알맞은 말을 글에서 찾아 써 보세요.　(　　　)

재민이는 자신의 잘못을 인정하고 ☐☐☐하는 태성이의 모습이 인상 깊었어요.

12 ㉡에 들어갈 관용어로 알맞은 것을 골라 보세요.　　　　(　　　)

① 코가 높고　　　　　　　　　② 코가 납작해지고

③ 코를 빠뜨리고　　　　　　　④ 코가 빠지고

정답과 해설 135쪽

귀를 기울이다

: 관심을 가지고 주의 깊게 듣다.

1 다음 문장을 읽고 빈칸에 공통으로 들어갈 알맞은 말을 써 보세요. ( )

- ☐ 는 머리 양옆에서 소리를 듣는 감각 기관이에요.
- 시끄러운 소리가 들리자 지아는 ☐ 를 틀어막았어요.

2 다음 뜻풀이에 알맞은 관용어를 찾아 선으로 이어 보세요.

(1) 관심을 가지고 주의 깊게 듣다. • • 귀가 얇다.

(2) 남의 말을 쉽게 받아들인다. • • 귀를 기울이다.

(3) 같은 말을 여러 번 듣다. • • 귀에 못이 박히다.

귀가 얇다

: 남의 말을 쉽게 받아들인다.

귀에 못이 박히다

: 같은 말을 여러 번 듣다.

3 다음 문장을 읽고 빈칸에 들어갈 알맞은 말을 **보기** 에서 골라 써 보세요.

보기 기울였다   못이 박히게   얇은

(1) 귀가 ☐☐ 사람은 사기를 당하기 쉽다.

(2) 지수는 공부하라는 말을 귀에 ☐☐ ☐☐☐ 들었다.

(3) 연설이 시작되자 사람들이 그녀의 말에 귀를 ☐☐☐ .

4 밑줄 친 부분과 뜻이 비슷한 말을 골라 보세요. ( )

> 민아는 편식하지 말라는 말을 **귀에 못이 박히게** 들었다.

① 주의 깊게

② 쉽게 받아들이면서

③ 여러 번

5 밑줄 친 부분과 바꾸어 쓸 수 있는 말을 골라 보세요. ( )

> 민준이가 이야기를 꺼내자 친구들이 **관심을 가지고 주의 깊게 들었다.**

① 귀가 얇았다.

② 귀를 기울였다.

③ 귀에 못이 박혔다.

6 다음 중 관용어 '귀가 얇다'를 바르게 사용한 친구를 골라 보세요. (　　　)

> 지연: 나는 **귀가 얇아서** 친구가 추천하는 제품은 모두 사는 편이야.
>
> 성민: 나는 부모님의 잔소리를 **귀가 얇도록** 여러 번 들었어.

① 지연

② 성민

③ 지연, 성민

7 다음 대화를 읽고 빈칸에 들어갈 내용으로 알맞은 것을 골라 보세요. (　　　)

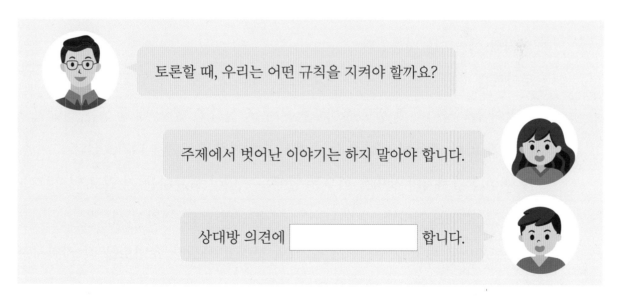

토론할 때, 우리는 어떤 규칙을 지켜야 할까요?

주제에서 벗어난 이야기는 하지 말아야 합니다.

상대방 의견에 　　　　　 합니다.

① 귀에 못이 박히게 들어야

② 귀가 얇아야

③ 귀를 기울여야

토마토 키우기

오늘 집 앞 화단을 새로 가꾸기로 했다. 동생은 장미를 키우고 싶다고 했다.

"형, 장미를 키우면 화단도 아름다워지고 꽃향기 덕분에 기분도 좋을 거야."

하지만 나는 토마토를 키우고 싶었다. 과학 시간에 식물의 씨가 싹 터서 자라고, 꽃이 피고 열매를 맺어 다시 씨가 만들어지는 과정인 식물의 한살이를 배웠는데 그때 교과서에 나온 예시가 토마토였기 때문이다. 나는 토마토의 한살이를 눈으로 직접 보고 싶어서 동생을 설득했다.

"상훈아, 토마토는 어때? 토마토 씨앗에서 싹이 터서 쑥쑥 자라면 노란 꽃이 피어. 그 꽃이 진 자리에 초록색 열매가 맺혀. 그 열매가 익으면 빨갛고 먹음직스러운 토마토가 되지."

동생은 호기심 가득한 표정으로 내 설명을 들었다. 나는 동생을 설득하기 위해 마지막 한마디를 덧붙였다.

"토마토를 수확*하면 엄마한테 토마토스파게티를 만들어 달라고 하자."

내 말이 끝나자마자 동생도 토마토를 키우고 싶다고 했다. 내 동생은 정말이지 ㉠**귀가 얇다.** 조용히 대화를 듣고 계시던 엄마가 우리에게 다가오셨다.

"몇 번이나 말하지만 생명을 키우는 일에는 책임이 따른다는 거 알고 있지?"

"잘 알고 있지요! 엄마께 ☐ ㉡ ☐ 들었던 걸요. 걱정 마세요."

엄마는 토마토 씨앗을 주시면서 잘 키워 보라고 하셨다. 토마토를 잘 키워서 맛있는 토마토스파게티를 만들어 먹어야지!

---

*수확: 익은 농작물을 거두어들임. 또는 거두어들인 농작물.

8 상훈이는 화단에서 무엇을 키우고 싶다고 했는지 골라 보세요. ( )

① 장미 ② 해바라기

③ 토마토 ④ 강낭콩

9 ㉠과 뜻이 비슷한 말을 골라 보세요. ( )

① 같은 말을 여러 번 듣는다. ② 남의 말을 주의 깊게 듣는다.

③ 말을 안 듣는다. ④ 남의 말을 쉽게 받아들인다.

10 토마토가 자라는 순서대로 번호를 써 보세요. (→ → →)

① 꽃이 진 자리에 초록색 열매가 맺힌다.

② 씨앗에서 싹이 튼다.

③ 열매가 익어서 빨갛게 변한다.

④ 노란 꽃이 핀다.

11 다음 문장을 읽고 빈칸에 들어갈 알맞은 말을 글에서 찾아 써 보세요. ( )

식물의 씨가 싹 터서 자라고, 꽃이 피고 열매를 맺어 다시 씨가 만들어지는 과정을 '식물의 ☐'라고 합니다.

12 ㉡에 들어갈 관용어로 알맞은 것을 골라 보세요. ( )

① 귀가 얇게 ② 귀에 못이 박히게

③ 귀를 기울여서 ④ 귀에 거슬리게

정답과 해설 135쪽

입이 짧다

: 음식을 심하게 가리거나 적게 먹다.

1 다음 문장을 읽고 빈칸에 공통으로 들어갈 알맞은 말을 써 보세요. (   )

- ☐ 은 소리를 내는 기관으로 입술에서 목구멍까지의 부분이에요.
- 지현이는 ☐ 에 음식을 넣고 꼭꼭 씹었어요.

2 다음 뜻풀이에 알맞은 관용어를 찾아 선으로 이어 보세요.

(1) 음식을 심하게 가리거나 적게 먹다. •   • 입이 가볍다.

(2) 말이 많고 비밀을 잘 지키지 않는다. •   • 입을 모으다.

(3) 여러 사람이 같은 의견을 말하다. •   • 입이 짧다.

입이 가볍다

: 말이 많고 비밀을 잘 지키지 않는다.

입을 모으다

: 여러 사람이 같은 의견을 말하다.

3 다음 문장을 읽고 빈칸에 들어갈 알맞은 말을 보기 에서 골라 써 보세요.

보기	가벼워서	짧아서	모았다

(1) 아이들은 체육 수업이 가장 재미있다고 입을 ⬚⬚⬚ .

(2) 민수는 입이 ⬚⬚⬚ 좋아하는 음식이 별로 없다.

(3) 지현이는 입이 ⬚⬚⬚⬚ 비밀이 없다.

4 밑줄 친 부분과 뜻이 비슷한 말을 골라 보세요.　　　　　　（　　　　）

> 윤재는 **입이 가벼워서** 다른 사람의 이야기를 소문내고 다닌다.

① 같은 의견을 말해서

② 음식을 심하게 가려서

③ 비밀을 잘 지키지 않아서

5 밑줄 친 부분과 바꾸어 쓸 수 있는 말을 골라 보세요.　　　　　　（　　　　）

> 의사들은 건강을 위해 규칙적으로 운동해야 한다고 **같은 의견을 말했다.**

① 입을 모았다.

② 입이 가벼웠다.

③ 입이 짧았다.

6 다음 중 '입이 짧다'가 관용어로 사용된 문장을 골라 보세요. ( )

> ㉠ 연경이는 반찬 투정이 심하고 **입이 짧다.**
>
> ㉡ 민우는 **입이 짧아서** 입맛을 맞추기 쉽지 않다.

① ㉠

② ㉡

③ ㉠, ㉡

7 다음 대화를 읽고 빈칸에 들어갈 내용으로 알맞은 것을 골라 보세요. ( )

진수야, 다른 사람한테 말 안 했지? 그 얘기 비밀이야.

다른 사람들도 다 아는 줄 알고 이미 얘기했어. 미안해.

너는 정말 　　　　

① 입이 짧구나.

② 입이 가볍구나.

③ 입을 모았구나.

우리 반 교통경찰 뽑기

사회자: 이번 주 학급 회의 주제는 '교통경찰 뽑기'입니다. 교통경찰은 급식실에 갈 때나 체육 시간에 반 친구들이 줄을 바르게 설 수 있도록 도와주는 일을 합니다. 교통경찰에 어울리는 친구를 자유롭게 추천해 주세요.

정지민: 평소에도 질서를 잘 지키는 박승진을 추천합니다.

사회자: 의견을 발표할 때는 손을 들어 사회자의 허락을 얻고 말씀해 주시기 바랍니다. 손을 든 최윤철 친구, 발표해 주시기 바랍니다.

최윤철: 박승진은 ㉠**입이 가벼워서** 제 이야기를 다른 친구들에게 함부로 퍼뜨렸습니다. 박승진에게는 함부로 비밀을 말하면 안 됩니다.

사회자: 회의 주제와 관련 있는 내용을 발표해 주시기 바랍니다. 손을 든 김민경 친구, 발표해 주시기 바랍니다.

김민경: 저도 박승진을 추천합니다. 반 친구들은 박승진처럼 질서를 잘 지키는 친구는 본 적이 없다고 ㉡   박승진이 교통경찰이 되어 모범*을 보인다면, 다른 친구들도 질서를 잘 지킬 것이라고 생각합니다.

사회자: 다른 의견 없습니까? 그럼 많은 사람의 의견에 따라 결정하는 다수결로 정하겠습니다. 박승진이 교통경찰이 되는 것에 찬성하는 분은 손을 들어 주십시오.

25명 가운데 절반이 넘는 20명이 찬성했으므로 박승진이 우리 반의 교통경찰이 되었습니다. 이상으로 학급 회의를 마치겠습니다.

*모범: 본받아 배울 만한 행동이나 그러한 행동을 하는 사람.

8 이번 주 학급 회의의 주제를 골라 보세요. ( )

① 반장 뽑기

② 교통경찰 뽑기

③ 청소 당번 정하기

④ 급식실에 가는 순서 정하기

9 ㉠과 뜻이 비슷한 말을 골라 보세요. ( )

① 비밀을 잘 지키지 않아서

② 말이 없어서

③ 음식을 가려 먹어서

④ 같은 의견을 말해서

10 이 글을 읽고 올바르게 말한 친구를 모두 골라 보세요. 2개 ( )

① **현지**: 의견을 발표할 때는 손을 들어 사회자의 허락을 얻어야 해.

② **예은**: 정지민, 최윤철, 김민경 3명이 박승진을 교통경찰로 추천했어.

③ **시현**: 의견을 발표할 때는 회의 주제와 관련 있는 내용을 말해야 해.

④ **세진**: 박승진이 교통경찰이 되는 것에 25명 모두가 찬성했어.

11 다음 문장을 읽고 빈칸에 들어갈 알맞은 말을 글에서 찾아 써 보세요. ( )

> ☐은 많은 사람의 의견에 따라 결정하는 일이에요.

12 ㉡에 들어갈 관용어로 알맞은 것을 골라 보세요. ( )

① 입을 다뭅니다.

② 입을 모읍니다.

③ 입이 가볍습니다.

④ 입이 짧습니다.

정답과 해설 136쪽

1 다음 관용어에 알맞은 뜻풀이를 찾아 선으로 이어 보세요.

(1) 입이 가볍다. ●   ● 정신이 갑자기 들다.

(2) 코가 납작해지다. ●   ● 몹시 무안을 당하거나 기가 죽다.

(3) 눈이 번쩍 뜨이다. ●   ● 같은 말을 여러 번 듣다.

(4) 귀에 못이 박히다. ●   ● 말이 많고 비밀을 잘 지키지 않는다.

(5) 귀를 기울이다. ●   ● 관심을 가지고 주의 깊게 듣다.

2 다음 뜻풀이에 알맞은 관용어를 보기 에서 골라 써 보세요.

보기	코가 높다	눈을 붙이다	귀가 얇다	입을 모으다

(1) 잠을 자다.   (   )

(2) 잘난 체하며 거만하다.   (   )

(3) 여러 사람이 같은 의견을 말하다.   (   )

(4) 남의 말을 쉽게 받아들인다.   (   )

3 괄호 안에 들어갈 알맞은 말을 골라 ○ 해 보세요.

(1) 진아는 (입이 / 손이) 짧아서 살이 잘 찌지 않는다.

(2) 호민이는 (코가 / 배가) 빠져서 하루 종일 아무 일도 하지 못했다.

(3) 심청이는 혼자 남겨진 아버지가 자꾸만 (발에 / 눈에) 밟혔다.

4 괄호 안에 들어갈 알맞은 말을 **보기** 에서 골라 써 보세요.

보기   코   입   귀   눈

우리 반 아이들은 윤동훈이 멋진 친구라고 (   )을 모은다. 동훈이는 친구들을 잘 돕고, 친구가 이야기할 때는 항상 (   ) 기울여 듣기 때문이다. 또 운동도 잘한다. 축구 시합 때 동훈이가 골을 넣은 덕분에 3반을 이기고 우승했다. 우리 반을 무시했던 3반의 (   )가 납작해지는 걸 보니 동훈이가 자랑스러웠다.

5 괄호 안에 들어갈 알맞은 말을 골라 ○ 해 보세요.

(1) 규진이는 귀가 (높아서 / 얇아서) 거짓말에도 잘 속는다.

(2) 잠깐 눈을 (떴더니 / 붙였더니) 피로가 풀렸다.

(3) 입이 (가벼운 / 짧은) 도영이 앞에서는 말을 조심해야 한다.

6 괄호 안에 들어갈 알맞은 말을 **보기** 에서 골라 써 보세요.

보기	밟혀서	박히도록	빠져

(1) 혜진이는 시험을 망쳤는지 코가 (   ) 집으로 돌아왔다.

(2) 호진이는 가족이 눈에 (   ) 고향을 떠날 수 없었다.

(3) 희민이는 공부하라는 말을 귀에 못이 (   ) 들었다.

7 밑줄 친 부분과 뜻이 비슷한 관용어를 **보기** 에서 골라 그 기호를 써 보세요.

보기	㉠ 눈이 번쩍 뜨이다	㉡ 코가 높다	㉢ 입을 모으다

(1) 그는 **잘난 체하며 거만해서** 친구들을 무시하고는 했다.   (   )

(2) 명수는 자다가도 **정신이 갑자기 들** 만큼 고기를 좋아한다.   (   )

(3) 선생님들은 독서를 꾸준히 해야 한다고 **같은 의견을 말한다**.   (   )

8 다음 문장에서 밑줄 친 부분을 바르게 고쳐 써 보세요.

(1) 시합에서 패배하자 선수들의 코가 **높았다**.

→ | 납 | | | | |

(2) 동운이는 귀가 **가벼워서** 종종 사기를 당한다.

→ | | | |

(3) 민주는 입이 **짧아서** 비밀을 잘 지키지 않는다.

→ | | | |

(4) 연설이 시작되자 사람들이 그녀의 말에 귀를 **붙였다**.

→ | | | |

9 다음 글에서 민아의 상황에 어울리는 관용어는 무엇인지 골라 보세요. (   )

> "민아야, 저녁에 생선 먹을래? 아니면 불고기나 치킨 먹을래?"
>
> "생선은 비려서 맛없어요. 불고기, 치킨도 별로예요."

① 코가 높다   ② 입이 짧다

③ 귀가 얇다   ④ 눈에 밟히다

몸과 관련된 속담

　속담은 예로부터 사람들 사이에서 전해 내려오는 말로, 쉽고 짧으면서도 교훈을 담고 있어요. 관용어처럼 속담도 원래의 뜻과는 다른 새로운 뜻으로 굳어져 쓰이는 '관용 표현'이에요. 몸과 관련된 속담으로는 어떤 것이 있는지 알아볼까요?

눈에 콩깍지가 씌었다

　콩깍지는 콩을 털어 내고 남은 껍질을 말해요. 콩깍지로 눈을 가리면 앞을 제대로 보지 못하겠죠? 이처럼 '눈에 콩깍지가 씌었다'는 콩깍지가 앞을 가린 것처럼 사람이나 사물을 정확하게 보지 못한다는 뜻이에요.

한 귀로 듣고 한 귀로 흘린다

　남이 하는 말을 대강 듣는 사람은 마치 말을 한 귀로 듣고, 한 귀로 흘려보내는 것처럼 보여요. 이처럼 '한 귀로 듣고 한 귀로 흘린다'는 남의 말을 주의 깊게 듣지 않고 무관심한 태도를 보일 때 사용해요.

입이 열 개라도 할 말이 없다

　만약 큰 잘못을 했고 스스로 그 사실을 알고 있다면, 미안한 마음에 할 말이 없을 거예요. 입이 열 개로 늘어나도 마찬가지겠죠? 이처럼 '입이 열 개라도 할 말이 없다'는 잘못이 분명해서 변명할 여지가 없는 경우에 사용해요.

2단원

손과 관련된 관용어

발과 관련된 관용어

어깨와 관련된 관용어

가슴과 관련된 관용어

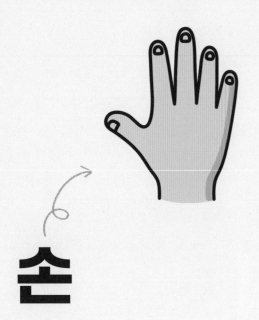

손

손을 잡다

: 서로 도와서 함께 일을 하다.

1 다음 문장을 읽고 빈칸에 공통으로 들어갈 알맞은 말을 써 보세요. (   )

- □은 팔목 끝에 있으며 무엇을 만지거나 잡을 때 쓰는 부분이에요.
- 외출 후 집에 돌아오면 □을 깨끗이 씻어야 해요.

2 다음 뜻풀이에 알맞은 관용어를 찾아 선으로 이어 보세요.

(1) 서로 도와서 함께 일을 하다.   ●   ● 손을 잡다.

(2) 씀씀이가 넉넉하고 크다.   ●   ● 손이 맵다.

(3) 손으로 살짝 때려도 몹시 아프다.   ●   ● 손이 크다.

손이 크다

: 씀씀이가 넉넉하고 크다.

손이 맵다

: 손으로 살짝 때려도 몹시 아프다.

3 다음 문장을 읽고 빈칸에 들어갈 알맞은 말을 **보기** 에서 골라 써 보세요.

보기	매운	크셔서	잡고

(1) 두 회사는 손을 ☐☐ 함께 일하기로 약속했다.

(2) 손이 ☐☐ 윤지에게 맞으면 몹시 아프다.

(3) 할머니는 손이 ☐☐☐ 항상 음식을 넉넉하게 만드신다.

4 밑줄 친 부분과 뜻이 비슷한 말을 골라 보세요.　　　　　　　　　(　　　)

> 주희는 어찌나 **손이 매운지** 맞은 자리가 한참 동안이나 아팠다.

① 손으로 살짝 때려도 몹시 아픈지

② 서로 도와서 함께 일을 하는지

③ 씀씀이가 넉넉하고 큰지

5 밑줄 친 부분과 바꾸어 쓸 수 있는 말을 골라 보세요.　　　　　　　　(　　　)

> 직원들은 신상품을 개발하기 위해 **서로 도와서 함께 일을 했다.**

① 손이 컸다.

② 손이 매웠다.

③ 손을 잡았다.

6 다음 중 '손이 크다'가 관용어로 사용된 문장을 골라 보세요.　　　(　　　　)

> ㉠ 형은 **손이 커서** 농구공도 한 손으로 잡을 수 있다.
>
> ㉡ 그녀는 **손이 커서** 시장에 갈 때마다 음식을 만들 재료를 잔뜩 사 왔다.

① ㉠

② ㉡

③ ㉠, ㉡

7 다음 일기를 읽고 빈칸에 들어갈 내용으로 알맞은 것을 골라 보세요.　　　(　　　　)

> <u>20○○년 9월 ○일</u>
>
> 가을 운동회 때 이어달리기 경주를 한다는 소식을 들었다. 이번에는 학급별 경쟁이라 나
> 의 라이벌인 지수와 [　　　　　　　　] 지수와 내가 힘을 합친다면 달리기 경주에서
> 우리 반이 일 등을 할 수 있을 것이다.

① 손이 크다고 했다.

② 손이 맵다고 했다.

③ 손을 잡기로 했다.

동지에는 왜 팥죽을 먹을까?

오늘은 일 년 중 낮이 가장 짧고, 밤이 가장 긴 '동지'예요. 올해도 할머니께서는 팥죽을 만들기 위해 팥을 삶으셨어요. 지아는 찹쌀 반죽을 동그랗게 뭉쳐 새알심을 빚었어요. 그런데 오빠는 반죽을 만지작거리며 놀기만 했어요. 지아가 오빠의 등을 철썩 소리가 나도록 때리자 깜짝 놀란 오빠가 외쳤어요.

"지아야! 너는 정말 ㉠<u>**손이 맵구나!**</u>"

아파하는 오빠를 보니 지아는 미안한 마음이 들었어요.

그런데 지아는 문득 동지에는 왜 팥죽을 먹는 것인지 궁금해서 할머니께 이유를 여쭤봤어요.

"지아야, 삼복에는 더위 때문에 잃은 영양을 보충하려고 삼계탕을 먹는단다. 추석에는 햅쌀*로 송편을 빚어 먹으며 한 해 농사에 감사함을 표현하지. 동지에는 나쁜 기운을 쫓고, 좋은 일만 생기길 바라는 마음으로 팥죽을 쑤어 먹지. 이처럼 먹는 음식뿐만 아니라 입는 옷, 하는 일, 놀이 등 해마다 일정한 시기에 되풀이되는 다양한 생활 모습을 세시* 풍속*이라고 한단다."

할머니는 지아에게 세시 풍속에 대해 설명해 주신 뒤, 이웃들에게 팥죽을 나누어 주려고 그릇에 담기 시작하셨어요. 무려 스무 개의 그릇에 담은 후에도 냄비에 팥죽이 한가득 남아 있었어요.

"팥죽을 이렇게나 많이 만드셨다니, 할머니는 정말 [㉡]"

***햅쌀**: 그 해에 새로 난 쌀.
***세시**: 한 해의 여러 절기나 달, 계절에 따른 때.
***풍속**: 옛날부터 전해 내려오는 생활 습관.

8 오늘 지아가 만든 것을 골라 보세요. ( )

① 삼계탕 ② 만두

③ 찹쌀떡 ④ 새알심

9 ㉠의 의미로 알맞은 것을 골라 보세요. ( )

① 씀씀이가 넉넉하고 크다. ② 손으로 살짝 때려도 몹시 아프다.

③ 서로 도와서 함께 일을 하다. ④ 손재주가 좋다.

10 '동지'에 대해 올바르게 설명한 친구를 모두 골라 보세요. 2개 ( )

① **연규**: 일 년 중 낮이 가장 짧고, 밤이 가장 긴 날이야.

② **수정**: 동지에는 영양을 보충하기 위해 삼계탕을 먹어.

③ **정한**: 나쁜 기운을 쫓기 위해 팥죽을 쑤어 먹지.

④ **세리**: 한 해 농사에 감사하는 마음으로 송편을 빚어 먹어.

11 다음 문장을 읽고 빈칸에 들어갈 알맞은 말을 글에서 찾아 써 보세요. ( )

> ☐은 해마다 일정한 시기에 되풀이되는 다양한 생활 모습이에요.

12 ㉡에 들어갈 관용어로 알맞은 것을 골라 보세요. ( )

① 손이 매우시네요! ② 손을 잡으셨네요!

③ 손이 크시네요! ④ 손을 쓰셨네요!

발이 넓다

: 친하게 지내거나 아는 사람이 많다.

1 다음 문장을 읽고 빈칸에 공통으로 들어갈 알맞은 말을 써 보세요. ( )

> • ☐은 다리 맨 끝부분이에요.
> • 하루 종일 걸었더니 ☐이 너무 아팠어요.

2 다음 뜻풀이에 알맞은 관용어를 찾아 선으로 이어 보세요.

(1) 친하게 지내거나 아는 사람이 많다. • • 발 벗고 나서다.

(2) 어떤 일에 적극적으로 나서다. • • 발을 끊다.

(3) 오가지 않거나 관계를 끊다. • • 발이 넓다.

발 벗고 나서다

: 어떤 일에 적극적으로 나서다.

발을 끊다

: 오가지 않거나 관계를 끊다.

3 다음 문장을 읽고 빈칸에 들어갈 알맞은 말을 보기 에서 골라 써 보세요.

보기	벗고 나섰다	끊었다	넓어서

(1) 민재는 자신이 옳다고 생각하는 일에는 발 ☐☐ ☐☐☐ .

(2) 윤정이는 발이 ☐☐☐ 아는 사람이 무척 많다.

(3) 주현이는 자주 나가던 모임에 발을 ☐☐☐ .

4 밑줄 친 부분과 뜻이 비슷한 말을 골라 보세요.   (   )

> 서윤이는 친구를 도울 일이 생기면 **발 벗고 나섰다.**

① 적극적으로 나섰다.

② 관계를 끊었다.

③ 아는 사람이 많았다.

5 밑줄 친 부분과 바꾸어 쓸 수 있는 말을 골라 보세요.   (   )

> 그는 활동적인 성격이라 **아는 사람이 많다.**

① 발을 끊다.

② 발이 넓다.

③ 발 벗고 나서다.

6 다음 중 관용어 '발을 끊다'를 바르게 사용한 친구를 골라 보세요. ( )

> 우현: 나는 게임방에 **발을 끊고** 열심히 공부하기로 결심했어.
>
> 다희: 윤아가 만나는 사람마다 인사하는 걸 보니 동네에 **발을 끊은** 것 같아.

① 우현

② 다희

③ 우현, 다희

7 다음 대화를 읽고 빈칸에 들어갈 내용으로 알맞은 것을 골라 보세요. ( )

우리 학교에서
축제가 열린대.

축제가 잘 진행될 수 있도록
우리가 [ ]

① 발이 넓구나!

② 발 벗고 나서자!

③ 발을 끊자!

체험 마을

서연이네 가족은 고모 댁을 방문했어요. 고모가 살고 계신 지역은 어촌으로 고기잡이나 양식*을 하거나 갯벌에서 조개 캐는 일 등을 하면서 살아가는 사람이 많아요. 고모는 갯벌에서 조개를 캐는 일을 하시지요.

서연이는 조개 캐기 체험을 하러 고모와 함께 갯벌로 향했어요. 고모는 ㉠**발이 넓으셔서** 길에서 마주치는 사람마다 반갑게 인사하셨어요. 갯벌에서는 조개 캐기, 낙지 잡기 체험 등 다양한 프로그램이 운영되고 있었어요.

"고모, 체험 프로그램이 정말 많네요! 예전에는 없었던 것 같은데 말이에요."

"사람들이 하나둘씩 도시로 떠나면서 이 지역이 점점 낙후*되었지. 그래서 주민들이 모여서 어떻게 하면 이곳에 ㉡ 사람들이 우리 지역을 다시 찾아오게 할 수 있을지에 대해 의견을 나누었단다. 그리고 지역의 생활을 체험해 볼 수 있는 '체험 마을'을 만들기로 의견을 모았지. 체험 마을이 되고 나니 우리 지역을 찾는 사람들이 많아졌고, 낙후됐던 곳도 발전되기 시작했단다."

고모는 다른 지역 사회에서도 발전을 위해 노력하고 있다고 알려 주셨어요. 지역의 특산물과 자연환경을 이용해서 축제를 여는 곳도 있고, 새로운 기술이나 품종*을 개발하기 위해 노력하는 곳도 있다고 말씀하셨지요. 고모의 말씀을 들은 서연이는 다른 지역의 축제에도 가 보고 싶다고 생각했어요.

*양식: 물고기, 김, 미역, 버섯 등을 인공적으로 길러서 번식하게 함.
*낙후: 기술, 문화, 생활 등이 일정한 기준에 미치지 못하고 뒤떨어짐.
*품종: 물건의 종류.

8 서연이네 고모가 살고 있는 지역을 골라 보세요. (   )

① 농촌   ② 산지촌

③ 어촌   ④ 도시

9 ㉠과 뜻이 비슷한 말을 골라 보세요. (   )

① 아는 사람이 많으셔서   ② 적극적으로 나서셔서

③ 관계를 끊으셔서   ④ 발이 무척 크셔서

10 지역 사회가 발전을 위해 노력하고 있는 방법으로 맞으면 ◯, 틀리면 ✕ 하세요.

(1) 지역의 특산물과 자연환경을 이용해 축제를 엽니다. ·························· (   )

(2) 인구를 줄이기 위해 사람들을 도시로 보냅니다. ························· (   )

(3) 새로운 기술이나 품종을 개발합니다. ································· (   )

(4) 낙지 잡기, 조개 캐기 같은 체험 프로그램을 운영합니다. ················ (   )

11 다음 문장을 읽고 빈칸에 들어갈 알맞은 말을 글에서 찾아 써 보세요. (   )

지역의 생활을 체험해 볼 수 있는 마을을 '☐'이라고 합니다.

12 ㉡에 들어갈 관용어로 알맞은 것을 골라 보세요. (   )

① 발 벗고 나서는   ② 발이 넓은

③ 발이 빠른   ④ 발을 끊은

어깨

어깨가 올라가다

: 칭찬을 받거나 하여 기분이 으쓱해지다.

---

1 다음 문장을 읽고 빈칸에 공통으로 들어갈 알맞은 말을 써 보세요.　　　（　　　　　）

> • □ 는 목의 아래 끝에서 팔의 위 끝에 이르는 부분이에요.
> • 무거운 가방을 오래 메고 있었더니 □ 가 아팠어요.

---

2 다음 뜻풀이에 알맞은 관용어를 찾아 선으로 이어 보세요.

(1) 칭찬을 받거나 하여 기분이 으쓱해지다.　●　　　●　어깨가 무겁다.

(2) 무거운 책임을 져서 마음의 부담이 크다.　●　　　●　어깨가 올라가다.

(3) 서로 비슷한 지위나 힘을 가지다.　●　　　●　어깨를 견주다.

어깨가 무겁다

: 무거운 책임을 져서 마음의 부담이 크다.

어깨를 견주다

: 서로 비슷한 지위*나 힘을 가지다.

*지위: 사회적 신분에 따르는 위치나 자리.

3 다음 문장을 읽고 빈칸에 들어갈 알맞은 말을 보기 에서 골라 써 보세요.

보기	무거웠다	견줄	올라갔다

(1) 운동 실력으로 진형이와 어깨를 ☐☐ 사람은 아무도 없다.

(2) 친구들이 멋진 그림이라고 칭찬하자 그의 어깨가 ☐☐☐☐ .

(3) 윤지는 반 대표라는 중요한 일을 맡게 돼서 어깨가 ☐☐☐☐ .

4 밑줄 친 부분과 뜻이 비슷한 말을 골라 보세요. ( )

> 우리 학교의 교육 수준은 이제 세계 최고 대학들과 **어깨를 견주게** 되었다.

① 칭찬을 받아 기분이 으쓱해지게

② 책임을 져서 마음의 부담이 크게

③ 비슷한 지위를 가지게

5 밑줄 친 부분과 바꾸어 쓸 수 있는 말을 골라 보세요. ( )

> 민우는 음악 선생님께 노래를 잘한다고 칭찬을 받자 **기분이 으쓱해졌다.**

① 어깨를 견주었다.

② 어깨가 올라갔다.

③ 어깨가 무거웠다.

6 다음 중 '어깨가 무겁다'가 관용어로 사용된 문장을 골라 보세요. ( )

⊙ 가방에 짐을 너무 많이 넣었더니 **어깨가 무겁고** 아팠다.

ⓒ 유민이는 갑자기 팀의 주장을 맡게 되자 **어깨가 무거워졌다.**

① ⊙

② ⓒ

③ ⊙, ⓒ

7 다음 대화를 읽고 빈칸에 들어갈 내용으로 알맞은 것을 골라 보세요. ( )

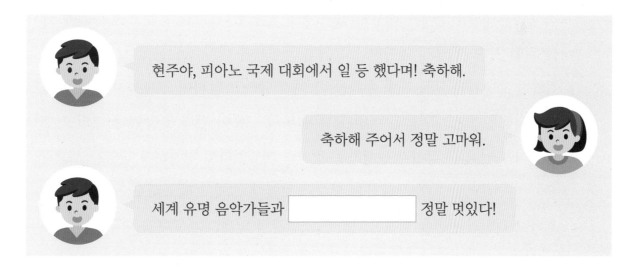

현주야, 피아노 국제 대회에서 일 등 했다며! 축하해.

축하해 주어서 정말 고마워.

세계 유명 음악가들과 [   ] 정말 멋있다!

① 어깨를 견주게 되었네.

② 어깨가 무겁겠네.

③ 어깨가 올라갔겠네.

산불 예방 교육

○○시 시청 강당에서 산불 예방 교육이 진행되었다. 이날 교육은 ○○시 소방서 김영철 소방관이 진행했다. 김영철 소방관은 중요한 교육을 맡게 되어 ㉠**어깨가 무겁지만**, 산과 숲을 보호하고 시민의 안전을 지키기 위한 일이라 최선을 다해 준비했다며 말을 이어 갔다.

첫 번째 순서는 산불의 원인에 대해 알아보는 것이었다. 김영철 소방관은 산불의 원인 중 '부주의로 인한 실수'가 가장 많다고 했다. 함부로 버린 담배꽁초 때문에 불이 나기도 하고, 캠핑을 위해 피운 불이 옮겨붙기도 하고, 산 주변에서 쓰레기를 불법으로 태우다가 불이 옮겨붙어서 산불이 나기도 한다고 했다.

김영철 소방관은 그다음으로 산불 예방 수칙*에 대해 설명했다. 산에 오를 때 라이터 같은 화기*성 물질 가지고 가지 않기, 담배꽁초를 아무 데나 버리지 않기, 산 근처에서 쓰레기 태우지 않기 등을 언급했다. 그리고 건조한 봄철에 산불 위험 지수*가 크게 높아지므로 특히 조심해야 한다고 덧붙였다. 마지막으로 김영철 소방관은 산불 예방 수칙을 꼭 지켜 달라고 말하며 교육을 마무리했다.

교육에 참가한 시민들은 이번 교육이 무척 도움이 됐다고 말했다. 그리고 소방관이 아닌 전문 강사가 진행하는 것처럼 재밌었다고 칭찬하자 김영철 소방관은   ㉡   뿌듯해하는 모습을 보였다. 그리고 앞으로도 산과 숲을 보호하고 시민의 안전을 위해 노력하는 소방관이 되겠다며 교육을 마무리했다.

＊**수칙**: 지키도록 정한 규칙.
＊**화기**: 불에서 나오는 뜨거운 기운.
＊**산불 위험 지수**: 산불 발생과 산불이 퍼지는 조건 등을 계산해 산불 위험의 심각성을 알리는 수치(값).

8 ○○시 시청 강당에서 열린 행사를 골라 보세요.　　　　　　（　　　　　）

① '산림의 날' 행사　　　　　　② 캠핑 박람회

③ 소방차 전시회　　　　　　④ 산불 예방 교육

9 ㉠과 뜻이 비슷한 말을 골라 보세요.　　　　　　（　　　　　）

① 마음의 부담이 크지만　　　　　　② 비슷한 힘을 가졌지만

③ 기분이 으쓱하지만　　　　　　④ 창피하지만

10 이 글을 읽고 올바르게 말한 친구를 모두 골라 보세요. 2개　　　　　　（　　　　　）

① 승한: 여름에 산불 위험 지수가 크게 높아져.

② 민규: 쓰레기를 불법으로 태우다가 불이 옮겨붙어서 산불이 나기도 해.

③ 정현: 캠핑할 때 피운 불이나 담배꽁초 때문에 산불이 나기도 해.

④ 진서: 겨울에는 추우니까 산에 오를 때 화기성 물질을 가지고 가야겠어.

11 다음 문장을 읽고 빈칸에 들어갈 알맞은 말을 글에서 찾아 써 보세요.　　　　　　（　　　　　）

김영철 소방관은 산불의 원인과 산불 ☐☐ 수칙에 대해 설명했습니다.

12 ㉡에 들어갈 관용어로 알맞은 것을 골라 보세요.　　　　　　（　　　　　）

① 어깨가 가볍다며　　　　　　② 어깨를 견준다며

③ 어깨가 올라간다며　　　　　　④ 어깨가 무겁다며

가슴

가슴에 멍이 들다

: 마음속에 지울 수 없는 슬픔이 남다.

1 다음 문장을 읽고 빈칸에 공통으로 들어갈 알맞은 말을 써 보세요. ( )

- ☐ 은 목과 배 사이에 있는 몸의 앞부분이에요.
- 어머니는 아이를 ☐ 에 꼭 끌어안았어요.

2 다음 뜻풀이에 알맞은 관용어를 찾아 선으로 이어 보세요.

(1) 마음속에 지울 수 없는 슬픔이 남다. ● ● 가슴이 뜨끔하다.

(2) 심장이 몹시 두근거리다. ● ● 가슴이 방망이질하다.

(3) 놀라거나 양심의 가책이 들다. ● ● 가슴에 멍이 들다.

가슴이 방망이질하다
: 심장이 몹시 두근거리다.

가슴이 뜨끔하다
: 놀라거나 양심의 가책*이 들다.

*가책: 잘못을 꾸짖음.

3 다음 문장을 읽고 빈칸에 들어갈 알맞은 말을 보기에서 골라 써 보세요.

보기   뜨끔했지만   방망이질했다   멍이 들었다

(1) 가족과 연락을 끊은 현주 때문에 부모님의 가슴에 ☐☐ ☐☐☐ .

(2) 그는 의심을 받자 가슴이 ☐☐☐☐ 아무렇지 않은 척했다.

(3) 윤호는 합격자 발표를 앞두고 가슴이 ☐☐☐☐☐ .

4 밑줄 친 부분과 뜻이 비슷한 말을 골라 보세요. (   )

> 영미는 발표를 하기 위해 일어서자 **가슴이 방망이질했다.**

① 양심의 가책이 들었다.

② 심장이 몹시 두근거렸다.

③ 마음속에 지울 수 없는 슬픔이 남았다.

5 밑줄 친 부분과 바꾸어 쓸 수 있는 말을 골라 보세요. (   )

> 현우는 장난으로 꺾은 꽃이 시든 것을 보자 **양심의 가책이 들었다.**

① 가슴이 방망이질했다.

② 가슴이 뜨끔했다.

③ 가슴에 멍이 들었다.

6 다음 중 '가슴에 멍이 들다'가 관용어로 사용된 문장을 골라 보세요. ( )

> ㉠ 친한 친구에게 배신을 당한 뒤, 민지의 **가슴에 멍이 들었다.**
>
> ㉡ 준영이는 피구를 하다가 공에 맞아서 **가슴에 멍이 들었다.**

① ㉠

② ㉡

③ ㉠, ㉡

7 다음 일기를 읽고 빈칸에 들어갈 내용으로 알맞은 것을 골라 보세요. ( )

> **20○○년 8월 ○일**
>
> 학교에서 제비뽑기로 자리를 정했다. 나는 오랫동안 좋아한 민철이와 가까이 앉고 싶었다. 그런데 운 좋게도 민철이의 옆자리에 앉게 되었다. 민철이가 바로 옆에 있으니까 부끄러워서 [   ] 그래도 기분이 참 좋았다.

① 가슴이 뜨끔했지만

② 가슴에 멍이 들었지만

③ 가슴이 방망이질했지만

주차 문제 해결

요즘 우리 동네에 주차 공간이 부족하다 보니 불법 주차를 하는 사람이 많아졌다. 주차 문제 때문에 주민들끼리 언성*을 높이는 일도 잦아졌다. 주민들은 상대방을 비난하고 상처 주는 말을 하면서 서로의 ㉠**가슴에 멍이 들게** 했다.

며칠 후, 주민 회의가 열렸다. 주민들은 주차 문제를 해결할 방법에 대해 의견을 주고받았다. 감시 카메라를 설치해서 불법 주차를 못 하게 하자는 의견이 나왔다. 그리고 대문을 허물어서 주차장을 만들거나 저녁에 시청, 우체국, 주민 센터 같은 공공 기관의 주차장을 개방해서 주차 공간을 마련하자는 의견도 나왔다. 가장 적절한 방안을 고르기 위해 투표를 진행했고, 그 결과 저녁에만 공공 기관의 주차장을 개방하기로 했다.

사회자가 회의를 끝내려고 하던 때, 옆집 아저씨가 손을 들고 말씀하셨다.

"○○ 빌라에 사는 주민입니다. 최근에 주차할 곳이 없어서 골목길에 주차했는데, 지나가던 아이가 여기에 주차하면 안 된다고 하더군요. 그 말을 들으니 ㉡**양심의 가책이 들었습니다.** 주차 문제를 해결하기 위해서는 주민 모두의 힘이 필요하다고 생각합니다. '나'만 생각하는 이기적*인 사람이 아니라 '우리'를 생각하는 이타적*인 주민이 되었으면 좋겠습니다."

아저씨의 이야기가 끝나자 사람들이 고개를 끄덕이며 박수를 쳤다. 앞으로 주차 문제도 잘 해결되고, 주민들도 이전처럼 사이좋게 지냈으면 좋겠다.

*언성: 말하는 목소리.
*이기적: 자신의 이익만을 생각하는 것.
*이타적: 자신의 이익보다는 다른 사람의 이익을 더 중요하게 생각하는 것.

8 우리 동네에 어떤 문제가 있었는지 골라 보세요. (   )

① 소음 문제   ② 주차 문제

③ 공사 문제   ④ 환경 오염 문제

9 ㉠과 뜻이 비슷한 말을 골라 보세요. (   )

① 양심의 가책이 들게   ② 심장이 몹시 두근거리게

③ 마음속에 지울 수 없는 슬픔이 남게   ④ 가슴에 끌어안게

10 주민 회의에서 나온 의견으로 맞으면 ○, 틀리면 X 하세요.

(1) 대문을 허물어서 주차장을 만들자. ································· (   )

(2) 점심시간에 시청, 우체국 주차장을 개방하자. ················ (   )

(3) 감시 카메라를 설치해서 불법 주차를 막자. ················ (   )

(4) 주차할 곳이 없으면 골목길에 주차하는 것을 허용하자. ········· (   )

11 다음 문장을 읽고 빈칸에 들어갈 알맞은 말을 글에서 찾아 써 보세요. (   )

시청, 우체국, 주민 센터 같은 곳을 '☐☐☐'이라고 합니다.

12 ㉡과 바꾸어 쓸 수 있는 말을 골라 보세요. (   )

① 가슴이 방망이질했습니다.   ② 가슴에 멍이 들었습니다.

③ 가슴이 뜨끔했습니다.   ④ 가슴이 후련해졌습니다.

1 다음 관용어에 알맞은 뜻풀이를 찾아 선으로 이어 보세요.

(1) 손이 맵다. ●   ● 씀씀이가 넉넉하고 크다.

(2) 발 벗고 나서다. ●   ● 어떤 일에 적극적으로 나서다.

(3) 손이 크다. ●   ● 마음속에 지울 수 없는 슬픔이 남다.

(4) 어깨가 올라가다. ●   ● 손으로 살짝 때려도 몹시 아프다.

(5) 가슴에 멍이 들다. ●   ● 칭찬을 받거나 하여 기분이 으쓱해지다.

2 다음 뜻풀이에 알맞은 관용어를 **보기** 에서 골라 써 보세요.

보기   어깨가 무겁다   발을 끊다   손을 잡다   가슴이 뜨끔하다

(1) 서로 도와서 함께 일을 하다.   (   )

(2) 오가지 않거나 관계를 끊다.   (   )

(3) 무거운 책임을 져서 마음의 부담이 크다.   (   )

(4) 놀라거나 양심의 가책이 들다.   (   )

3 괄호 안에 들어갈 알맞은 말을 골라 ○ 해 보세요.

(1) 지민이는 (발이 / 입이) 넓어서 동네에 모르는 사람이 없다.

(2) 달리기 실력으로 호은이와 (머리를 / 어깨를) 견줄 사람은 없다.

(3) 자신의 발표 순서가 다가오자 가은이의 (손이 / 가슴이) 방망이질했다.

4 괄호 안에 들어갈 알맞은 말을 보기 에서 골라 써 보세요.

보기	발	어깨	손	가슴

할머니는 (   )이 크셔서 음식을 잔뜩 만들어서 동네 사람들에게 나눠 주고는 하셨다. 그리고 사람들을 도울 일이 생기면 항상 (   ) 벗고 나서셨다. 며칠 전, 사람들의 추천으로 할머니께서 동네 대표가 되셨다. 할머니께서는 (   )가 무겁지만 동네의 발전을 위해 최선을 다할 것이라고 말씀하셨다.

5 괄호 안에 들어갈 알맞은 말을 골라 ○ 해 보세요.

(1) 그는 친구들과 다툰 이후로 고향에 발을 (견주었다. / 끊었다.)

(2) 손이 (매운 / 큰) 재연이가 때리면 너무 아파서 눈물이 난다.

(3) 그는 거짓말이 들통날까 봐 가슴이 (뜨끔했다. / 올라갔다.)

6 괄호 안에 들어갈 알맞은 말을 보기 에서 골라 써 보세요.

보기	견줄	커서	넓어서

(1) 그는 손이 (   ) 항상 음식을 많이 만들었다.

(2) 지유의 피아노 연주 실력은 유명 음악가들과 어깨를 (   ) 정도다.

(3) 희재는 발이 (   ) 아는 사람이 무척 많다.

7 밑줄 친 부분과 뜻이 비슷한 관용어를 보기 에서 골라 그 기호를 써 보세요.

보기	㉠ 가슴이 방망이질하다	㉡ 손을 잡다	㉢ 어깨가 올라가다

(1) 큰아버지와 아버지는 가게 운영을 위해 **서로 도와서 함께 일을 했다.**　　　(　　　)

(2) 친구들에게 칭찬을 받자 현수의 **기분이 으쓱해졌다.**　　　(　　　)

(3) 민영이는 시험 결과 발표를 앞두고 **심장이 몹시 두근거렸다.**　　　(　　　)

8 다음 문장에서 밑줄 친 부분을 바르게 고쳐 써 보세요.

(1) 손이 **큰** 민희가 때린 자리에 금세 멍이 들었다.

→ ☐☐

(2) 유찬이는 축구 모임에서 민수와 싸운 후, 축구 모임에 발을 **넓혔다**.

→ ☐☐☐

(3) 도둑은 길거리에서 경찰을 마주칠 때마다 가슴이 **올라갔다**.

→ 뜨 ☐☐☐

(4) 도준이는 중요한 일을 맡게 되어 어깨가 **방망이질했다**.

→ 무 ☐☐☐

9 다음 글에서 이모의 상황에 어울리는 관용어는 무엇인지 골라 보세요. (　　　　)

> "병주야, 점심 먹으렴."
> "이모, 상다리가 부러질 것 같아요. 음식을 엄청 푸짐하게 차리셨네요!"

① 발이 넓다　　　　　　② 손을 잡다

③ 어깨를 견주다　　　　④ 손이 크다

몸과 관련된 동형어

형태와 표기는 같지만 뜻이 다른 낱말을 '동형어'라고 해요. 동형어는 소리가 같으나 뜻이 다른 경우, 철자가 같으나 뜻이 다른 경우가 있어요. 동형어는 국어사전에서도 각각 다른 낱말로 풀이되어 있어요. 동형어 '배'에 대해 알아볼까요?

몸에 있는 배

신체의 일부분으로, 가슴 아래에서 다리 위까지의 '배'를 뜻해요.

예 민호는 밥을 많이 먹었는지 배가 불룩했다.

타는 배

교통수단의 하나로, 사람이나 물건을 싣고 물 위를 다니는 '배'를 뜻해요.

예 진아는 배를 타고 여행을 떠났다.

먹는 배

과일의 하나로, 껍질은 누렇고 속은 희며 단맛이 나는 과일인 '배'를 뜻해요.

예 영주는 과일 중에 배를 가장 좋아한다.

3단원

머리

머리를 굴리다

: 해결 방법을 생각해 내려고 고민하다.

1 다음 문장을 읽고 빈칸에 공통으로 들어갈 알맞은 말을 써 보세요. ( )

- [ ]는 얼굴과 머리털이 있는 부분을 모두 포함한 목 위의 부분이에요.
- 민지는 베개에 [ ]를 대자마자 잠들었어요.

2 다음 뜻풀이에 알맞은 관용어를 찾아 선으로 이어 보세요.

(1) 해결 방법을 생각해 내려고 고민하다. ● ● 머리를 긁다.

(2) 서로 모여서 어떤 일을 의논하다. ● ● 머리를 맞대다.

(3) 수줍거나 무안해서 어쩔 줄을 모르다. ● ● 머리를 굴리다.

머리를 맞대다

: 서로 모여서 어떤 일을 의논*하다.

머리를 긁다

: 수줍거나 무안해서 어쩔 줄을 모르다.

*의논: 어떤 일에 대해 서로 의견을 나눔.

3 다음 문장을 읽고 빈칸에 들어갈 알맞은 말을 **보기** 에서 골라 써 보세요.

보기	굴렸다	긁으며	맞대고

(1) 민정이는 고장 난 장난감을 고치기 위해 열심히 머리를 ☐☐☐ .

(2) 그들은 머리를 ☐☐☐ 문제를 해결할 방법을 의논했다.

(3) 진호는 실수를 하면 머리를 ☐☐☐ 어색하게 웃는 버릇이 있다.

4 밑줄 친 부분과 뜻이 비슷한 말을 골라 보세요. ( )

아이들은 **머리를 맞대어** 연극 공연에 필요한 대본을 만들었다.

① 서로 모여서 의논하여

② 해결 방법을 생각해 내려고 고민하면서

③ 무안해서 어쩔 줄 모르며

5 밑줄 친 부분과 바꾸어 쓸 수 있는 말을 골라 보세요. ( )

아무리 **해결 방법을 생각해 내려고 고민해도** 좋은 방법이 생각나지 않았다.

① 머리를 맞대도

② 머리를 굴려도

③ 머리를 긁어도

6 다음 중 '머리를 긁다'가 관용어로 사용된 문장을 골라 보세요. ( )

> ㉠ 영재는 머리를 감지 않았더니 간지럽다면서 **머리를 긁었다.**
>
> ㉡ 선생님께 칭찬을 받자 민수는 부끄러워하며 **머리를 긁었다.**

① ㉠

② ㉡

③ ㉠, ㉡

7 다음 대화를 읽고 빈칸에 들어갈 내용으로 알맞은 것을 골라 보세요. ( )

민아야, 무슨 일 있니? 고민이 가득한 표정이네.

경주랑 싸웠는데 뭐라고 사과해야 좋을지 모르겠어.

내가 도와줄게. _____ 함께 생각해 보자.

① 머리를 긁고

② 머리를 굴리고

③ 머리를 맞대고

학급 회의를 할 때는 무엇을 지켜야 할까?

　오늘 학급 회의 주제는 '독서 시간에 읽을 책'이었습니다. 회의가 시작되자 희연이가 자리에서 벌떡 일어나 외쳤습니다.

　"얘들아, 학습 만화책을 읽는 건 어때?"

　희연이의 말이 끝나기도 전에 윤지가 끼어들며 말했습니다.

　"학교에서 만화책을 읽자고? 말도 안 돼!"

　담임 선생님께서 회의할 때 지켜야 할 규칙이 있다고 말씀하시며 희연이와 윤지에게 주의를 주셨습니다. 회의 시간에는 서로 존댓말을 사용하고, 다른 사람이 의견을 말할 때는 끼어들지 않고, 다른 사람의 의견을 존중해야 한다고 설명하셨습니다. 선생님 말씀이 끝난 뒤, 희연이는 발표하기 위해 손을 들었습니다.

　"독서 시간에 학습 만화책을 읽으면 어떨까요?"

　선생님께서 희연이에게 회의 규칙을 잘 지켰다고 칭찬하셨습니다. 하지만 의견을 말할 때는 그것을 뒷받침*할 근거도 함께 말해야 한다고 알려 주셨습니다. 희연이는 친구들을 설득할 수 있는 근거를 생각해 내려고 　　　⊙　　　

　"책 읽기를 싫어해서 독서 시간까지 싫어하는 친구들이 있습니다. 독서 시간에 학습 만화책을 읽다 보면 책에 조금씩 관심을 갖게 될 거라고 생각합니다."

　반 친구들은 희연이의 의견이 좋다고 했습니다. 윤지도 희연이의 의견에 찬성한다고 말했습니다. 그리고 ⓒ**머리를 긁으며** 아까 발표할 때 끼어들어서 미안하다고 사과했습니다.

---

*　**뒷받침**: 뒤에서 지지하고 도와주는 일.

8 오늘 학급 회의 주제를 골라 보세요. （　　　）

① 학급 문고 관리 당번 정하기　　② 독서 시간에 읽을 책 정하기

③ 독서 토론 주제 정하기　　④ 학예회 공연 주제 정하기

9 ㉠에 들어갈 관용어로 알맞은 것을 골라 보세요. （　　　）

① 머리가 굳었습니다.　　② 머리를 맞댔습니다.

③ 머리를 굴렸습니다.　　④ 머리를 긁었습니다.

10 이 글을 읽고 올바르게 말한 친구를 모두 골라 보세요. `2개` （　　　）

① **소영**: 희연이네 반 친구들은 모두 책 읽기를 좋아하고 독서 시간도 좋아해.

② **제훈**: 회의할 때는 존댓말을 사용하고, 다른 사람의 의견을 존중해야 해.

③ **연주**: 윤지는 독서 시간에 인물책을 읽자고 했어.

④ **준호**: 희연이는 독서 시간에 학습 만화책을 읽자는 의견을 제시했어.

11 다음 문장을 읽고 빈칸에 들어갈 알맞은 말을 글에서 찾아 써 보세요. （　　　）

> 회의에서 의견을 말할 때는 그것을 뒷받침할 ☐☐도 함께 말해야 합니다.

12 ㉡과 뜻이 비슷한 말을 골라 보세요. （　　　）

① 무안해서 어쩔 줄 몰라 하면서　　② 머리를 끄덕이면서

③ 모여서 의논하면서　　④ 해결 방법을 고민하면서

정답과 해설 139쪽

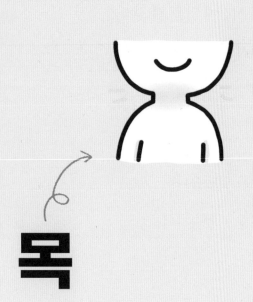

목을 축이다

: 목이 말라 물 등을 마시다.

1 다음 문장을 읽고 빈칸에 공통으로 들어갈 알맞은 말을 써 보세요.   (   )

- ☐ 은 머리와 몸통을 잇는 잘록한 부분이에요.
- 민아는 너무 추워서 목도리로 ☐ 을 감았어요.

2 다음 뜻풀이에 알맞은 관용어를 찾아 선으로 이어 보세요.

(1) 목이 말라 물 등을 마시다.   •   • 목을 풀다.

(2) 노래, 연설 전에 목소리를 가다듬다.   •   • 목을 축이다.

(3) 몹시 안타깝게 기다리다.   •   • 목이 빠지게 기다리다.

목을 풀다

: 노래, 연설 전에 목소리를 가다듬다.

목이 빠지게 기다리다

: 몹시 안타깝게 기다리다.

3 다음 문장을 읽고 빈칸에 들어갈 알맞은 말을 보기 에서 골라 써 보세요.

보기	빠지게 기다렸다	축이고	풀었다

(1) 그녀는 공연을 시작하기 전에 목을 ☐☐☐ .

(2) 진규는 산타클로스를 목이 ☐☐☐ ☐☐☐☐ .

(3) 커다란 말이 시냇가에서 목을 ☐☐☐ 있었다.

4 밑줄 친 부분과 뜻이 비슷한 말을 골라 보세요.   (   )

어머니는 밤늦도록 들어오지 않는 딸을 **목이 빠지게 기다리셨다.**

① 목이 말라서 물을 드셨다.

② 목소리를 가다듬으셨다.

③ 몹시 안타깝게 기다리셨다.

5 밑줄 친 부분과 바꾸어 쓸 수 있는 말을 골라 보세요.   (   )

민수는 달리기 시합이 끝난 뒤, **목이 말라서 물을 마셨다.**

① 목이 빠지게 기다렸다.

② 목을 축였다.

③ 목을 풀었다.

6 다음 중 '목을 풀다'가 관용어로 사용된 문장을 골라 보세요. (   )

> ㉠ 그는 연설을 앞두고 가볍게 **목을 풀고** 있었다.
>
> ㉡ 호준이는 노래를 부르기 전에 헛기침을 하며 **목을 푼다.**

① ㉠

② ㉡

③ ㉠, ㉡

7 다음 대화를 읽고 빈칸에 들어갈 내용으로 알맞은 것을 골라 보세요. (   )

여름이 왔나 봐.
너무 더운걸.

민지야, 물 마실래?

괜찮을 거야.

① 목을 축이면

② 목을 풀면

③ 목이 빠지게 기다리면

우리 문화유산 답사

연수는 오늘이 오기를 ㉠목이 빠지게 기다렸습니다. 친구들과 함께 답사*하기로 한 날인데, 연수가 일일 가이드가 되어 친구들에게 수원 화성을 안내하기로 했기 때문입니다.

"안녕하세요, 일일 가이드 박연수입니다. 오늘 답사할 곳은 조선 시대에 만들어진 수원 화성입니다. 수원 화성은 일제 강점기와 6.25 전쟁을 겪으면서 성곽*의 일부가 부서졌지만, 화성의 건설 과정이 기록된 『화성성역의궤』를 참고해 복원되었습니다."

친구들이 박수를 쳐 주자 연수는 답사 전에 자료 조사를 꼼꼼히 하기를 잘했다고 생각했습니다. 연수는 친구들과 함께 성곽을 따라 걷다가 다섯 개의 커다란 굴뚝 앞에 섰습니다. 그리고 헛기침을 하며 ㉡

"이것은 봉돈으로, 적이 나타났을 때 봉돈을 이용해서 신호를 보냈습니다. 낮에는 연기, 밤에는 불을 피워서 위험을 알렸습니다. 평상시엔 굴뚝 하나만 사용했고, 적의 침략* 정도에 따라 사용하는 굴뚝 수를 늘려서 소식을 알렸습니다."

연수는 수원 화성이 1997년에 세계 문화유산으로 등재됐다는 것도 알려 주었습니다. 친구들은 우리 지역에 이렇게 멋진 문화유산이 있다니 자랑스럽다고 했습니다. 그리고 연수의 설명 덕분에 답사가 더욱 재밌었다고 했습니다. 친구들의 말을 들은 연수는 무척 뿌듯했습니다.

*답사: 실제 현장에 가서 직접 보고 조사함.
*성곽: 적의 공격을 막기 위해 흙이나 돌로 높이 쌓은 담.
*침략: 정당한 이유 없이 남의 나라에 쳐들어감.

8 연수와 친구들이 답사를 간 곳을 골라 보세요. ( )

① 경주 석굴암 ② 강화 고인돌

③ 남원 광한루 ④ 수원 화성

9 ㉠과 뜻이 비슷한 말을 골라 보세요. ( )

① 몹시 기다렸습니다. ② 목소리를 가다듬었습니다.

③ 목이 말라 물을 마셨습니다. ④ 목을 다쳤습니다.

10 수원 화성에 대한 설명으로 맞으면 ○, 틀리면 ✕ 하세요.

(1) 수원 화성은 고려 시대에 만들어졌다. ·················· ( )

(2) 일제 강점기와 6.25 전쟁 때 성곽이 부서져서 더 이상 볼 수 없다. ······ ( )

(3) 적이 나타났을 때 봉돈을 이용해서 신호를 보냈다. ··········· ( )

(4) 평상시에 봉돈에 있는 굴뚝 다섯 개를 모두 사용했다. ··········· ( )

11 다음 문장을 읽고 빈칸에 들어갈 알맞은 말을 글에서 찾아 써 보세요. ( )

수원 화성은 1997년에 세계 ☐ 으로 등재되었습니다.

12 ㉡에 들어갈 관용어로 알맞은 것을 골라 보세요. ( )

① 목을 풀었습니다. ② 목이 빠지게 기다렸습니다.

③ 목을 축였습니다. ④ 목에 거미줄을 쳤습니다.

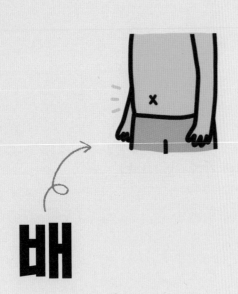

배가 아프다

: 남이 잘되어 심술이 나다.

1 다음 문장을 읽고 빈칸에 공통으로 들어갈 알맞은 말을 써 보세요. ( )

> • ☐는 가슴 아래에서 다리 위까지의 부분이에요.
>
> • 밥을 먹었더니 ☐가 불룩하게 나왔어요.

2 다음 뜻풀이에 알맞은 관용어를 찾아 선으로 이어 보세요.

(1) 남이 잘되어 심술이 나다. • • 배를 두드리다.

(2) 먹은 것이 없어서
배가 홀쭉해질 정도로 배고프다. • • 배가 아프다.

(3) 생활이 풍족하여 편하게 지내다. • • 배가 등에 붙다.

배가 등에 붙다

: 먹은 것이 없어서 배가 홀쭉해질
정도로 배고프다.

배를 두드리다

: 생활이 풍족하여 편하게 지내다.

3 다음 문장을 읽고 빈칸에 들어갈 알맞은 말을 **보기** 에서 골라 써 보세요.

보기	아팠다	두드리며	등에 붙을

(1) 흥부는 며칠 동안 굶어서 배가 [　　] [　　] 정도였다.

(2) 가난한 흥부와 달리 놀부는 배를 [　　　] 지냈다.

(3) 규리는 친구가 잘되는 걸 보면 배가 [　　] .

4 밑줄 친 부분과 뜻이 비슷한 말을 골라 보세요. (   )

> 그는 한때 가난했지만 이제는 **배를 두드리며** 살고 있다.

① 생활이 풍족하여 편하게

② 배가 홀쭉해질 정도로 배고파하며

③ 남이 잘되어 심술이 나서

5 밑줄 친 부분과 바꾸어 쓸 수 있는 말을 골라 보세요. (   )

> 온종일 밥을 못 먹었더니 **배가 홀쭉해질 정도로 배고팠다.**

① 배를 두드렸다.

② 배가 아팠다.

③ 배가 등에 붙었다.

6 다음 중 '배가 아프다'가 관용어로 사용된 문장을 골라 보세요. ( )

> ㉠ 민재는 친구가 시험에 합격했다는 소식을 듣고 **배가 아팠다.**
>
> ㉡ 아침에 먹은 음식이 상했는지 계속 **배가 아프네.**

① ㉠

② ㉡

③ ㉠, ㉡

7 다음 일기를 읽고 빈칸에 들어갈 내용으로 알맞은 것을 골라 보세요. ( )

> **20○○년 10월 ○일**
>
> 오늘 '태평성대'라는 말을 배웠다. 태평성대는 슬기로운 임금이 다스리는 평안한 시대를 말한다. 조선 시대에는 세종 대왕이 다스리던 때가 태평성대였고, 이때는 백성들이 [   ] 살았다고 한다. 세종 대왕은 정말 대단한 것 같다.

① 배가 등에 붙어서

② 배를 두드리며

③ 배가 아파서

난민을 위해 기부해 주세요

　안녕하세요? 저는 대한 초등학교 4학년 1반 이원식입니다. 얼마 전, 뉴스에서 난민들을 보았습니다. 전쟁으로 인해 집이나 재산을 잃은 난민들은 삶의 터전*을 떠나 임시 보호소로 대피하여 그곳에서 지내고 있었습니다.

　그런데 난민이 점점 늘어나면서 임시 보호소에 문제가 생겼다고 합니다. 우리는 한 끼만 못 먹어도 ㉠**배가 등에 붙었다고** 하는데, 난민들은 음식이 부족해 며칠씩 굶으며 지내고 있다고 합니다. 옷도 부족해 얇은 옷만으로 매서운 추위를 버티고 있으며, 휴지나 비누 같은 생활용품도 모자라 불편함을 겪고 있다고 합니다.

　대한 초등학교 학생들의 힘을 모아 임시 보호소에 있는 난민들을 도웁시다. 우리는 지금 [　　　㉡　　　] 편안하게 살고 있습니다. 하지만 우리는 혼자 살아가는 것이 아니라 다른 사람과 함께 살아갑니다. 따라서 도움이 필요한 사람을 도우며 함께 살아가야 합니다. 서로 돕고 더불어 살아간다면 세상은 더욱 행복한 곳이 될 수 있을 것입니다.

　임시 보호소에 있는 난민들을 위해 물건을 기부해 주세요. 작아진 옷, 담요 등 사용하지 않지만 깨끗한 물건이나 휴지, 비누 같은 생활용품을 기부해 주세요. 기부할 물건은 4학년 1반 교실 문 앞에 있는 상자에 넣어 주시면 됩니다. 물건은 '대한 초등학교' 이름으로 임시 보호소에 기부할 예정입니다. 난민들을 돕기 위한 기부 활동에 참여해 주세요.

*터전: 생활의 근거지가 되는 곳.

8 난민들이 임시 보호소에서 지내는 이유를 골라 보세요.　　　　　（　　　　）

① 전쟁　　　　　　　　　　　② 무더위

③ 홍수　　　　　　　　　　　④ 가뭄

9 ㉠과 뜻이 비슷한 말을 골라 보세요.　　　　　　　　　　（　　　　）

① 남이 잘되어 심술이 난다고　　② 생활이 풍족하여 편안히 지낸다고

③ 배가 부르다고　　　　　　　④ 배가 홀쭉해질 정도로 배고프다고

10 이 글을 통해 알 수 있는 임시 보호소의 문제점을 골라 보세요.　　（　　　　）

① 임시 보호소에 난민들이 머물 곳이 없습니다.

② 임시 보호소가 무너졌습니다.

③ 임시 보호소에 음식과 옷, 생활용품 등이 부족합니다.

④ 임시 보호소에 병원이 없어서 다친 난민들이 치료를 받을 수 없습니다.

11 다음 문장을 읽고 빈칸에 들어갈 알맞은 말을 글에서 찾아 써 보세요.　（　　　　）

난민들을 돕기 위한 　　　　 활동에 참여해 주세요.

12 ㉡에 들어갈 관용어로 알맞은 것을 골라 보세요.　　　　　　（　　　　）

① 배가 아파서　　　　　　　　② 배가 등에 붙어서

③ 배를 두드리며　　　　　　　④ 배를 잡으며

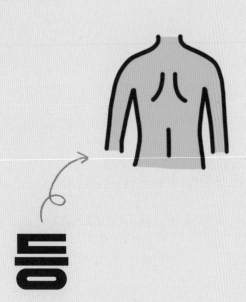

등

등을 지다

: 서로 사이가 나빠지다.

1 다음 문장을 읽고 빈칸에 공통으로 들어갈 알맞은 말을 써 보세요.　　　　(　　　　　)

- ☐ 은 가슴과 배의 반대쪽 부분이에요.
- 민규는 울고 있는 동생의 ☐ 을 토닥이면서 위로해 주었어요.

2 다음 뜻풀이에 알맞은 관용어를 찾아 선으로 이어 보세요.

(1) 서로 사이가 나빠지다.　　　　●　　　　　　●　등을 지다.

(2) 남에게 억지로 일을 하게 만들다.　●　　　　　　●　등에 업다.

(3) 남의 힘이나 세력에 의지하다.　　●　　　　　　●　등을 떠밀다.

등을 떠밀다

: 남에게 억지로 일을 하게 만들다.

등에 업다

: 남의 힘이나 세력에 의지하다.

3 다음 문장을 읽고 빈칸에 들어갈 알맞은 말을 보기 에서 골라 써 보세요.

보기	업고	지게	떠밀어

(1) 엄마는 학교에 가기 싫다는 주호의 등을 ☐☐☐ 학교에 보냈다.

(2) 진희는 언니와 싸운 이후로 서로 등을 ☐☐ 됐다.

(3) 연수는 가족의 도움을 등에 ☐☐ 더 열심히 공부했다.

4 밑줄 친 부분과 뜻이 비슷한 말을 골라 보세요. ( )

> 친구들이 **등을 떠미는** 바람에 민규는 갑자기 대회에 나가게 되었다.

① 서로 사이가 나빠지는

② 남의 힘에 의지하는

③ 억지로 하게 만드는

5 밑줄 친 부분과 바꾸어 쓸 수 있는 말을 골라 보세요. ( )

> 그는 **권력에 의지하며** 정당하지 않은 방법으로 돈을 벌기 시작했다.

① 권력을 등에 업고

② 권력과 등을 지고

③ 권력에 등을 떠밀려

6 다음 중 관용어 '등을 지다'를 바르게 사용한 친구를 골라 보세요. ( )

> 연주: 나는 약속 시간을 잘 지키지 않아서 친구들과 **등을 지게** 됐어.
>
> 혜민: 나는 출전하고 싶지 않은데, 친구들이 **등을 져서** 억지로 경기에 나왔어.

① 연주

② 혜민

③ 연주, 혜민

7 다음 대화를 읽고 빈칸에 들어갈 내용으로 알맞은 것을 골라 보세요. ( )

김대한 선수, 우승 소감 한마디 부탁드립니다.

팬들의 응원을 _____ 뛴 덕분에 우승할 수 있었던 것 같습니다.

① 등을 지고

② 등에 업고

③ 등을 떠밀고

공정하게 선수 뽑기

　3학년 1반 아이들은 학급 대항* 축구 시합에 참가할 대표 선수를 뽑기로 했습니다. 반장인 태희가 축구 실력이 좋은 친구를 뽑자고 제안했고, 반 친구들도 그 의견에 동의했습니다. 그런데 친구들이 갑자기 축구 시합에 나가라며 태희의 ㉠**등을 떠밀었습니다.** 태희는 시합에 나갈 생각이 없다고 말하면서 자신보다는 우택이가 대표 선수가 되는 게 좋을 것 같다고 했습니다. 그러자 명훈이가 말했습니다.

　"전학 온 지 2주밖에 안 된 우택이는 우리 반의 대표 선수가 될 수 없어."

　다른 친구들도 명훈이의 의견에 동의한다며 고개를 끄덕였습니다. 명훈이의 말을 듣고 곰곰이 생각하던 태희가 말했습니다.

　"전학 온 지 얼마 되지 않았다는 이유로 우택이를 대표 선수로 뽑지 않겠다는 건 공정*하지 않아. 축구 시합에 나갈 선수를 뽑을 때는 축구 실력을 보고 뽑는 게 공정하다고 생각해. 우택이는 축구를 무척 잘해. 지난주에 우택이랑 축구를 했는데, 우택이의 슛을 도저히 막을 수 없었어. 그래서 내가 아닌 우택이가 반 대표 선수가 되어야 한다고 생각해."

　태희의 말을 들은 친구들은 우택이를 반 대표 선수로 뽑았습니다.

　3학년 1반 친구들은 축구 시합 때 한마음으로 우택이를 응원했습니다. 우택이는 그런 친구들의 응원을 　　㉡　　 골을 많이 넣어 3학년 1반에게 우승을 안겨 주었습니다.

---

*대항: 서로 맞서서 승부를 겨룸.
*공정: 어느 한쪽으로 이익이나 손해가 치우치지 않고 올바름.

8 3학년 1반 친구들은 어디에 참가할 대표 선수를 뽑았는지 골라 보세요.　　　　(　　　)

① 농구 시합　　　　　　　　　　② 축구 시합

③ 야구 시합　　　　　　　　　　④ 피구 시합

9 ㉠의 의미로 알맞은 것을 골라 보세요.　　　　　　　　　　　　　　(　　　)

① 서로 사이가 나빠지다.　　　　　② 등을 때리다.

③ 남의 힘에 의지하다.　　　　　　④ 남에게 억지로 일을 하게 만들다.

10 이 글을 읽고 올바르지 <u>않게</u> 말한 친구를 골라 보세요.　　　　(　　　)

① **송현**: 태희는 축구를 잘하는 우택이가 대표 선수가 되어야 한다고 생각했어.

② **우혜**: 명훈이는 전학 온 지 얼마 안 된 우택이는 대표 선수가 될 수 없다고 했어.

③ **서윤**: 태희와 우택이 모두 반 대표 선수로 뽑혀서 축구 시합에 나갔어.

④ **진희**: 축구 시합 때 우택이는 골을 많이 넣었어.

11 다음 문장을 읽고 빈칸에 들어갈 알맞은 말을 글에서 찾아 써 보세요.　　(　　　)

태희는 축구 실력을 보고 대표 선수를 뽑는 것이 　　하다고 했습니다.

12 ㉡에 들어갈 관용어로 알맞은 것을 골라 보세요.　　　　　　　　(　　　)

① 등에 업고　　　　　　　　　　② 등을 떠밀고

③ 등을 지고　　　　　　　　　　④ 등을 보이고

1 다음 관용어에 알맞은 뜻풀이를 찾아 선으로 이어 보세요.

(1) 등에 업다. ●   ● 서로 모여서 어떤 일을 의논하다.

(2) 배를 두드리다. ●   ● 목이 말라 물 등을 마시다.

(3) 머리를 맞대다. ●   ● 생활이 풍족하여 편하게 지내다.

(4) 목을 축이다. ●   ● 남의 힘이나 세력에 의지하다.

(5) 등을 떠밀다. ●   ● 남에게 억지로 일을 하게 만들다.

2 다음 뜻풀이에 알맞은 관용어를 보기 에서 골라 써 보세요.

> **보기**   목을 풀다   머리를 긁다   등을 지다   배가 아프다

(1) 수줍거나 무안해서 어쩔 줄을 모르다.   (   )

(2) 노래, 연설 전에 목소리를 가다듬다.   (   )

(3) 남이 잘되어 심술이 나다.   (   )

(4) 서로 사이가 나빠지다.   (   )

3 괄호 안에 들어갈 알맞은 말을 골라 ○ 해 보세요.

(1) 윤재는 사람들을 설득하기 위해 열심히 (귀를 / 머리를) 굴렸다.

(2) 아버지는 아들이 돌아오기를 (목이 / 등이) 빠지게 기다렸다.

(3) 며칠 동안 길을 잃고 산속에서 헤맸더니 (어깨가 / 배가) 등에 붙었다.

4 괄호 안에 들어갈 알맞은 말을 보기에서 골라 써 보세요.

보기	머리	등	배	목

오늘은 음악 시간에 시험을 봤어요. 민수는 가볍게 (   )을 풀고, 노래를 불렀어
요. 그런데 너무 긴장해서 가사를 틀렸어요. 당황한 민수는 노래를 멈추고 (   )만
긁었어요. 그때, 친구들이 박수를 쳐 주며 힘을 북돋아 주었어요. 민수는 친구들의 응원
을 (   )에 업고 무사히 시험을 볼 수 있었지요.

5 괄호 안에 들어갈 알맞은 말을 골라 ○ 해 보세요.

(1) 이어달리기 경주가 끝난 뒤, 준영이는 목을 (풀었다. / 축였다.)

(2) 흥부가 부자가 된 것을 보고 놀부는 배가 (등에 붙었다. / 아팠다.)

(3) 민규와 형서는 서로 싸운 이후로 등을 (떠밀게 / 지게) 됐다.

6 괄호 안에 들어갈 알맞은 말을 **보기**에서 골라 써 보세요.

보기	두드리며	굴려도	떠밀었다

(1) 가난한 흥부와 달리 놀부는 배를 (   ) 지냈다.

(2) 친구들은 야구 시합에 나가 보라며 상혁이의 등을 (   ).

(3) 아무리 머리를 (   ) 좋은 방법이 떠오르지 않았다.

7 밑줄 친 부분과 뜻이 비슷한 관용어를 **보기**에서 골라 그 기호를 써 보세요.

보기	㉠ 머리를 맞대다	㉡ 배가 등에 붙다	㉢ 목이 빠지게 기다리다

(1) 할아버지는 손주가 오기를 **몹시 안타깝게 기다렸다**.   (   )

(2) 하루 종일 굶었더니 **배가 홀쭉해질 정도로 배고팠다**.   (   )

(3) 아이들은 해결 방법을 찾기 위해 **서로 모여서 의논했다**.   (   )

8 다음 문장에서 밑줄 친 부분을 바르게 고쳐 써 보세요.

(1) 성윤이는 발표 전에 헛기침을 하며 가볍게 목을 **축였다**.

→ | 풀 | | |

(2) 그는 권력을 등에 **떠밀고** 온갖 나쁜 짓을 저질렀다.

→ | | |

(3) 혜주는 자신의 실수를 깨닫자 머리를 **맞대며** 어쩔 줄 몰라 했다.

→ | | | |

(4) 사촌이 땅을 사면 배가 **등에 붙는다**.

→ | | | |

9 다음 글에서 경호의 상황에 어울리는 관용어는 무엇인지 골라 보세요. ( )

> "경호야, 하루 종일 문 앞에서 뭐 하고 있니?"
>
> "택배 기다려요. 아빠가 사 주신 장난감이 오늘 도착한다고 했거든요!"

① 목이 빠지게 기다리다

② 등을 지다

③ 배를 두드리다

④ 머리를 굴리다

몸과 관련된 다의어

  두 가지 이상의 뜻을 지닌 낱말을 '다의어'라고 해요. 다의어는 한 낱말의 의미가 확장된 것으로, 의미상 관련이 있기 때문에 국어사전에서도 한 낱말에 여러 가지 뜻이 제시되어 있어요. 다의어 '손'에 대해 알아볼까요?

중심 의미

한 단어가 여러 의미를 지닐 때 그 가운데서
가장 기본적이고 핵심적인 의미를 '중심 의미'라고 해요.
손의 중심 의미는 신체의 일부분인 '손'을 뜻해요.

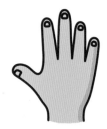

⑩ 외출 후에는 손을 깨끗하게 씻어야 한다.

주변 의미

중심 의미로부터 확장된 의미를 '주변 의미'라고 해요.

1) 노동력

손이 '일을 하는 사람'이라는 의미로 쓰이는 경우가
있어요. 이때 손은 노동력을 뜻해요.

⑩ 할 일이 많은데 손이 모자라서 걱정이다.

2) 영향력

손이 '어떤 사람의 영향력이나 권한이 미치는 범위'라는
의미로 쓰이는 경우가 있어요. 이때 손은 영향력을
뜻해요.

⑩ 도둑은 경찰의 손이 미치지 않는 곳으로 도망갔다.

4단원

얼굴과 관련된 관용어

혀와 관련된 관용어

손가락과 관련된 관용어

뼈와 관련된 관용어

얼굴

얼굴을 내밀다

: 일, 모임에 모습을 나타내다.

1 다음 문장을 읽고 빈칸에 공통으로 들어갈 알맞은 말을 써 보세요. ( )

• ☐ 은 눈, 코, 입이 있는 머리의 앞쪽 부분이에요.

• 할머니의 ☐ 에 주름이 많이 늘었어요.

2 다음 뜻풀이에 알맞은 관용어를 찾아 선으로 이어 보세요.

(1) 일, 모임에 모습을 나타내다.   ●   ● 얼굴이 두껍다.

(2) 감정, 기분 따위가 얼굴에 나타나다.   ●   ● 얼굴에 씌어 있다.

(3) 부끄러움을 모르고 염치가 없다.   ●   ● 얼굴을 내밀다.

얼굴에 씌어 있다

: 감정, 기분 따위가 얼굴에 나타나다.

얼굴이 두껍다

: 부끄러움을 모르고 염치*가 없다.

*염치: 체면을 차릴 줄 알거나 부끄러움을 아는 마음.

3 다음 문장을 읽고 빈칸에 들어갈 알맞은 말을 보기 에서 골라 써 보세요.

보기	두꺼워서	씌어 있어	내밀었다

(1) 성실한 유민이는 학습 모임에 빠지지 않고 얼굴을 ⬚⬚⬚⬚ .

(2) 진아는 얼굴이 ⬚⬚⬚⬚ 창피함을 모르는 것 같다.

(3) "경주야, 너 지금 화났다고 얼굴에 ⬚⬚⬚ ⬚⬚⬚ ."

4 밑줄 친 부분과 뜻이 비슷한 말을 골라 보세요. ( )

> 시험을 망쳐 속상하다고 민규의 **얼굴에 씌어 있었다.**

① 모임에 모습을 나타냈다.

② 부끄러움을 모르고 염치가 없었다.

③ 감정이 얼굴에 나타났다.

5 밑줄 친 부분과 바꾸어 쓸 수 있는 말을 골라 보세요. ( )

> 그는 **부끄러움을 모르고 염치가 없어서** 사람들에게 어려운 부탁을 했다.

① 얼굴이 두꺼워서

② 얼굴을 내밀어서

③ 얼굴에 씌어 있어서

6 다음 중 '얼굴을 내밀다'가 관용어로 사용된 문장을 골라 보세요. ( )

> ㉠ 문을 두드렸더니 희주가 문밖으로 **얼굴을 내밀었다.**
>
> ㉡ 윤지는 거의 십 년 만에 가족 모임에 **얼굴을 내밀었다.**

① ㉠

② ㉡

③ ㉠, ㉡

7 다음 대화를 읽고 빈칸에 들어갈 내용으로 알맞은 것을 골라 보세요. ( )

희윤아, 학교에서 무슨 일 있었니? 혹시 친구랑 싸웠니?

아니요, 아무 일도 없었어요.

걱정 있다고 [   ] 엄마한테 솔직하게 말해 봐.

① 얼굴이 두꺼운걸.

② 얼굴에 씌어 있는걸.

③ 얼굴을 내밀었는걸.

지구의 날

'지구의 날'은 매년 4월 22일로, 환경 오염의 심각성을 알리고 환경 오염으로부터 지구를 보호하기 위해 제정*한 날입니다. 이번 지구의 날 행사에서는 환경 보호 캠페인을 펼치기도 하고, 쓰레기도 줍는 등 다양한 활동을 했습니다. 캠페인을 맡은 영균이와 친구들은 팻말을 만들고 그 위에 '식물 심기', '양치질할 때 컵 이용하기', '대중교통 이용하기' 등 일상생활에서 실천할 수 있는 환경 보호 방법을 적었습니다.

그런데 갑자기 사람들이 수군거리기 시작했습니다. 공장 사장님이 지구의 날 행사에 ㉠**얼굴을 내밀었기 때문입니다.** 공장 사장님은 오염된 물을 하천에 몰래 흘려 보냈던 사실이 알려져서 뉴스에 보도된 적이 있었습니다. 사람들은 공장 사장님을 향해 손가락질하며 말했습니다.

"저 사람이 지구의 날 행사에 참석하다니 ⟨　　　㉡　　　⟩"

공장 사장님은 사람들 앞에서 허리를 숙여 인사하고 이렇게 외쳤습니다.

"앞으로는 절대로 오염된 물을 하천에 버리지 않겠습니다. 주말마다 하천 주변의 쓰레기를 줍고, 하천 환경을 오염시킬 만한 행동을 하는 사람이 있는지 자주 살펴보겠습니다. 앞으로는 환경 보호에 앞장서는 사람이 되겠습니다."

공장 사장님의 말이 끝나자 사람들이 고개를 끄덕였습니다. 영균이는 자신의 잘못을 반성하고 달라지려고 노력하는 공장 사장님의 행동이 멋있다고 생각했습니다. 그리고 더 많은 사람이 환경에 관심을 가졌으면 좋겠다고 생각했습니다.

*제정: 법이나 제도 등을 만들어서 정함.

8 매년 4월 22일은 어떤 날인지 골라 보세요.　　　　　(　　　)

① 에너지의 날　　　　　　　　　② 바다의 날

③ 동물의 날　　　　　　　　　　④ 지구의 날

9 ㉠과 뜻이 비슷한 말을 골라 보세요.　　　　　(　　　)

① 염치가 없었기 때문입니다.　　　② 기분이 얼굴에 나타났기 때문입니다.

③ 모습을 나타냈기 때문입니다.　　④ 짜증을 냈기 때문입니다.

10 이 글을 읽고 올바르게 말한 친구를 모두 골라 보세요. 2개　　　(　　　)

① **규민**: '지구의 날'은 환경 오염의 심각성을 알리기 위해 제정한 날이야.

② **경아**: 영균이와 친구들은 길거리를 돌아다니면서 쓰레기 줍는 일을 맡았어.

③ **영훈**: 이번 지구의 날 행사는 뉴스에 보도되었어.

④ **진아**: 공장 사장님은 주말마다 하천 주변의 쓰레기를 줍겠다고 하셨어.

11 다음 문장을 읽고 빈칸에 들어갈 알맞은 말을 글에서 찾아 써 보세요.　　(　　　)

영균이는 팻말에 일상생활에서 실천할 수 있는 [　　] 방법을 적었습니다.

12 ㉡에 들어갈 관용어로 알맞은 것을 골라 보세요.　　　　　(　　　)

① 얼굴이 피었네.　　　　　　　　② 얼굴도 두껍네.

③ 얼굴에 씌어 있네.　　　　　　　④ 얼굴을 내밀었네.

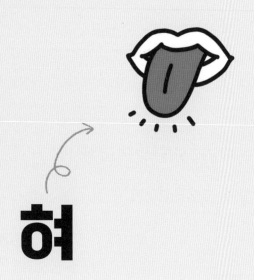

혀

혀가 짧다

: 발음이 명확하지 않거나 말을 더듬다.

1 다음 문장을 읽고 빈칸에 공통으로 들어갈 알맞은 말을 써 보세요.   (   )

- ☐ 는 입 안 아래쪽에 있는 길고 둥근 살덩어리예요.
- 레몬이 ☐ 에 닿자 신맛이 강하게 느껴졌어요.

2 다음 뜻풀이에 알맞은 관용어를 찾아 선으로 이어 보세요.

(1) 발음이 명확하지 않거나 말을 더듬다. ●   ● 혀가 굳다.

(2) 어떤 것에 대해 계속해서 말하다. ●   ● 혀가 짧다.

(3) 놀라거나 당황해서 말을 제대로 못하다. ●   ● 혀가 닳다.

혀가 닳다

: 어떤 것에 대해 계속해서 말하다.

혀가 굳다

: 놀라거나 당황해서 말을 제대로 못하다.

3 다음 문장을 읽고 빈칸에 들어갈 알맞은 말을 [보기]에서 골라 써 보세요.

보기	짧아서	굳었다	닳도록

(1) 민정이는 너무 놀라서 혀가 [　][　][　] .

(2) 사람들은 그의 착한 마음씨를 혀가 [　][　][　] 칭찬했다.

(3) 현주는 혀가 [　][　][　] 말할 때 정확하게 발음하려고 애썼다.

4 밑줄 친 부분과 뜻이 비슷한 말을 골라 보세요. ( )

진희는 좋아하는 이성 친구 앞에만 가면 **혀가 굳었다.**

① 발음이 명확하지 않았다.

② 계속해서 말했다.

③ 당황해서 말을 제대로 못했다.

5 밑줄 친 부분과 바꾸어 쓸 수 있는 말을 골라 보세요. ( )

방 좀 청소하라고 **계속해서 말해도** 은규는 도통 듣지 않았다.

① 혀가 굳게 말해도

② 혀가 닳도록 말해도

③ 혀가 짧게 말해도

6 다음 중 '혀가 짧다'가 관용어로 사용된 문장을 골라 보세요. ( )

> ㉠ 민주는 **혀가 짧아서** 무슨 말을 하는지 알아듣기 어렵다.
>
> ㉡ 혀를 내밀고 길이를 쟀더니 연수의 혀보다 경민이의 **혀가 짧았다.**

① ㉠

② ㉡

③ ㉠, ㉡

7 다음 일기를 읽고 빈칸에 들어갈 내용으로 알맞은 것을 골라 보세요. ( )

> **20○○년 11월 ○일**
>
> 내 동생 새롬이는 [   ] '시옷' 발음이 잘 되지 않는다. 새롬이가 시옷이 들어간 단어를 말할 때 발음이 웃겨서 놀렸더니 새롬이가 엉엉 울었다. 새롬이에게 미안했다. 앞으로는 새롬이를 놀리지 말고 단어의 정확한 발음을 알려 주어야 겠다.

① 혀가 굳어서

② 혀가 닳아서

③ 혀가 짧아서

아버지가 보내는 편지

사랑하는 내 아들, 웅찬이에게.

아버지는 네가 마냥 어린아이라고 생각했는데, 이번 운동회 때 보니까 많이 컸더구나. 줄다리기, 장애물 뛰어넘기 같은 종목*에 참가해 친구들과 열심히 뛰어다니는 모습을 보니 학교생활도 즐겁게 하고 있는 것 같더구나.

운동회 때 특히 달리기 경주에 나가서 최선을 다하는 모습을 보면서 아버지는 네가 참 대견하고 자랑스러웠단다. 네가 반 대표로 달리기 경주에 나갔을 때, 마치 내가 달리는 것처럼 무척 떨렸단다. 그런데 네가 경주 도중에 넘어지는 것을 보고, 매일 저녁마다 달리기 연습하던 모습이 떠올라서 안타까웠어. 하지만 너는 포기하지 않고 결승선까지 달렸지. 일 등으로 들어온 친구가 넘어져서 창피하겠다며 놀렸을 때도 너는 최선을 다했기 때문에 결과와 상관없이 뿌듯하다고 말하더구나. 그리고 그 친구에게 일 등으로 들어온 것을 축하한다고 말했지. 네 말을 들은 친구는 ㉠**혀가 굳어** 한동안 멍하니 있었지.

중요한 것은 최선을 다하는 것이라고 아버지가 ㉡ 말했는데, 웅찬이도 이제는 그 말의 의미를 아는 것 같더구나. 달리기 경주를 위해 매일 저녁마다 연습하고, 경주에서도 포기하지 않고 끝까지 달리는 모습에서 네가 최선을 다하고 있음을 아버지도 느낄 수 있었단다. 앞으로도 그 마음 잊지 않기를 바란다.

20○○년 5월 9일

아버지가

＊**종목**: 여러 가지 종류에 따라 나눈 항목.

8 웅찬이가 운동회에서 참가한 종목이 <u>아닌</u> 것을 골라 보세요. ( )

① 달리기   ② 공 굴리기

③ 장애물 뛰어넘기   ④ 줄다리기

9 ㉠의 의미로 알맞은 것을 골라 보세요. ( )

① 말을 빠르게 하다.   ② 계속해서 말하다.

③ 당황해서 말을 제대로 못하다.   ④ 발음이 명확하지 않다.

10 이 글을 읽고 올바르게 말한 친구를 골라 보세요. ( )

① **동영**: 웅찬이는 매일 아침마다 달리기 연습을 했어.

② **아진**: 경주 도중에 넘어지는 바람에 웅찬이는 경기를 포기하고 말았어.

③ **진형**: 일 등으로 들어온 친구가 웅찬이를 놀리자, 웅찬이는 무척 속상해했어.

④ **윤미**: 아버지는 경주에 나가서 최선을 다한 웅찬이를 대견하게 생각했어.

11 다음 문장을 읽고 빈칸에 들어갈 알맞은 말을 글에서 찾아 써 보세요. ( )

> 웅찬이는 최선을 다했기 때문에 [ ]와 상관없이 뿌듯하다고 했습니다.

12 ㉡에 들어갈 관용어로 알맞은 것을 골라 보세요. ( )

① 혀가 짧도록   ② 혀가 굳도록

③ 혀를 내두르도록   ④ 혀가 닳도록

손가락

손가락을 꼽다

: 어떤 일이나 날을 날짜를 세어 가며
간절히 기다리다.

1 다음 문장을 읽고 빈칸에 공통으로 들어갈 알맞은 말을 써 보세요.   (   )

- [ ]은 손끝의 다섯 개로 갈라진 부분이에요.
- 신랑은 신부의 [ ]에 반지를 끼워 주었어요.

2 다음 뜻풀이에 알맞은 관용어를 찾아 선으로 이어 보세요.

(1) 어떤 일이나 날을 날짜를
세어 가며 간절히 기다리다.   •   •   손가락을 꼽다.

(2) 옆에서 구경만 하다.   •   •   손가락을 빨다.

(3) 아프거나 기운이 없어
아무것도 할 수 없다.   •   •   손가락 하나도
움직이지 못하다.

손가락을 빨다

: 옆에서 구경만 하다.

손가락 하나도 움직이지 못하다

: 아프거나 기운이 없어 아무것도 할 수 없다.

3 다음 문장을 읽고 빈칸에 들어갈 알맞은 말을 보기 에서 골라 써 보세요.

보기	움직이지 못할	꼽으며	빨았다

(1) 지안이는 손가락을 ☐☐☐ 생일을 기다렸다.

(2) 민우는 나쁜 짓을 하는 친구를 보고도 손가락만 ☐☐☐ .

(3) 그는 손가락 하나도 ☐☐☐☐ ☐ 정도로 아프다.

4 밑줄 친 부분과 뜻이 비슷한 말을 골라 보세요.　　　　　　　　(　　　　)

> 하루 종일 돌아다녔더니 이제는 **손가락 하나도 움직이지 못하겠다.**

① 옆에서 구경만 하고 있다.

② 날짜를 세어 가며 간절히 기다리고 있다.

③ 기운이 없어 아무것도 할 수 없다.

5 밑줄 친 부분과 바꾸어 쓸 수 있는 말을 골라 보세요.　　　　　　　　(　　　　)

> 학생들은 하루빨리 방학이 오기를 **날짜를 세어 가며 간절하게** 기다렸다.

① 손가락을 빨며

② 손가락을 꼽으며

③ 손가락 하나도 움직이지 못하며

6 다음 중 '손가락을 빨다'가 관용어로 사용된 문장을 골라 보세요.　　　　(　　　　)

> ㉠ 사고가 났는데도 사람들은 가만히 서서 **손가락만 빨고** 있었다.
>
> ㉡ 어린아이들은 **손가락을 빠는** 버릇이 있다.

① ㉠

② ㉡

③ ㉠, ㉡

7 다음 대화를 읽고 빈칸에 들어갈 내용으로 알맞은 것을 골라 보세요.　　　　(　　　　)

> 유리창이 깨졌네! 민준아, 선생님께 말씀드렸니?
>
> 아니, 어떻게 해야 할지 몰라서 ☐☐☐☐☐ 있었어.

① 손가락 하나도 움직이지 못하고

② 손가락을 꼽고

③ 손가락만 빨고

고조선 건국 신화

하늘을 다스리는 환인에게는 아들 환웅이 있었어요. 환인은 환웅과 비, 바람, 구름을 다스리는 신하 세 명, 그리고 여러 무리를 땅으로 보내 인간 세상을 다스리게 했어요.

어느 날, 곰과 호랑이가 사람이 되고 싶다며 찾아오자 환웅은 쑥과 마늘만 먹으면서 100일 동안 햇빛을 보지 않으면 사람이 될 수 있다고 했어요. 곰과 호랑이는 동굴에서 쑥과 마늘만 먹으며 지내다 ㉠**손가락 하나도 움직이지 못할** 정도가 되었어요. 결국 호랑이는 포기하고 도망갔지만, 곰은 참고 견디면서 사람이 되는 날을 [㉡   ] 기다렸어요. 곰은 21일 만에 여자로 변해 '웅녀'라는 이름을 갖게 되었어요. 그리고 환웅과 결혼해 단군왕검을 낳았어요. 단군왕검은 자라서 고조선이라는 나라를 세웠지요.

이 이야기는 우리나라 최초의 국가인 고조선의 건국 신화예요. 건국 신화는 나라가 어떻게 세워졌는지 신성하게 설명하는 이야기로, 그 안에는 당시의 사회 모습이 담겨 있어요. 환웅이 하늘에서 내려왔다는 것은 새로운 지배자가 다른 곳에서 이주*해 왔다는 것을 의미해요. 그리고 곰과 호랑이는 각각 곰을 숭배*하는 무리와 호랑이를 숭배하는 무리를 뜻해요. 환웅과 웅녀가 결혼했다는 것은 환웅이 거느리고 온 무리가 곰을 숭배하는 무리와 결합*했다는 의미라고 볼 수 있지요.

---

*이주: 개인이나 종족, 민족 등의 집단이 원래 살던 지역을 떠나 다른 지역으로 이동해서 삶.
*숭배: 우러러 공경함.
*결합: 둘 이상의 사물이나 사람이 서로 관계를 맺어서 하나로 합쳐짐.

8 우리나라 최초의 국가를 골라 보세요. ( )

① 가야 ② 백제

③ 고구려 ④ 고조선

9 ㉠과 뜻이 비슷한 말을 골라 보세요. ( )

① 옆에서 구경만 하는 ② 기운이 없어 아무것도 할 수 없는

③ 손가락을 심하게 다친 ④ 간절하게 기다리는

10 이 글을 읽고 올바르지 <u>않게</u> 말한 친구를 골라 보세요. ( )

① **유준**: 환웅은 비, 바람, 구름을 다스리는 신하들과 함께 땅으로 내려왔어.

② **지아**: 곰은 동굴에서 쑥과 마늘만 먹으면서 견디다가 21일 만에 사람이 되었어.

③ **수호**: 사람으로 변한 호랑이는 '웅녀'라는 이름을 갖게 되었어.

④ **다은**: 환웅과 웅녀의 결혼은 환웅의 무리와 곰을 숭배하는 무리가 결합했다는 의미야.

11 다음 문장을 읽고 빈칸에 들어갈 알맞은 말을 글에서 찾아 써 보세요. ( )

☐ 는 나라가 어떻게 세워졌는지 신성하게 설명하는 이야기를 뜻합니다.

12 ㉡에 들어갈 관용어로 알맞은 것을 골라 보세요. ( )

① 손가락을 꼽으며 ② 손가락을 빨며

③ 손가락 하나도 움직이지 못하며 ④ 손가락 하나 까딱 않고

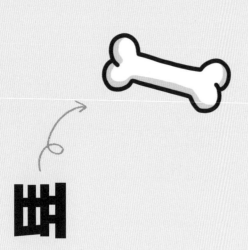

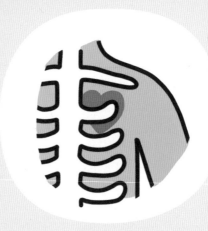

뼈와 살이 되다

: 정신적으로 도움이 되다.

1 다음 문장을 읽고 빈칸에 공통으로 들어갈 알맞은 말을 써 보세요.　　　(　　　　)

- ☐는 살 속에서 그 몸을 지탱하는 단단한 물질이에요.
- 계단에서 넘어지는 바람에 다리 ☐가 부러졌어요.

2 다음 뜻풀이에 알맞은 관용어를 찾아 선으로 이어 보세요.

(1) 정신적으로 도움이 되다.　　　　●　　　　●　뼈만 남다.

(2) 잊지 않도록 단단히 마음에 기억하다.　　●　　　　●　뼈에 새기다.

(3) 오랫동안 먹지 못하거나
　　아파서 지나치게 여위다.　　●　　　　●　뼈와 살이 되다.

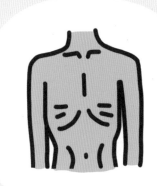

뼈에 새기다

: 잊지 않도록 단단히 마음에 기억하다.

뼈만 남다

: 오랫동안 먹지 못하거나 아파서
지나치게 여위다*.

* **여위다**: 살이 많이 빠져 몸이 마르고 얼굴에 핏기가 없게 되다.

3 다음 문장을 읽고 빈칸에 들어갈 알맞은 말을 보기 에서 골라 써 보세요.

보기	새기고	남은	살이 되는

(1) 경수는 돌아가신 할머니의 유언을 뼈에 ☐☐☐ 살고 있다.

(2) 정선이는 동생에게 뼈와 ☐☐ ☐☐ 충고를 해 주었다.

(3) 그는 70킬로까지 나가던 몸무게가 45킬로가 되자 뼈만 ☐☐ 것 같았다.

4 밑줄 친 부분과 뜻이 비슷한 말을 골라 보세요. ( )

> 선생님께서 우리에게 **뼈와 살이 되는** 조언을 해 주셨다.

① 정신적으로 도움이 되는

② 잊지 않도록 단단히 마음에 기억한

③ 오랫동안 먹지 못하거나 아파서 지나치게 여윈

5 밑줄 친 부분과 바꾸어 쓸 수 있는 말을 골라 보세요. ( )

> 민아는 정직하게 살라는 아버지의 말씀을 **잊지 않고 단단히 마음에 기억했다.**

① 뼈만 남았다.

② 뼈에 새겼다.

③ 뼈와 살이 되었다.

6 다음 중 '뼈만 남다'가 관용어로 사용된 문장을 골라 보세요. (   )

> ㉠ 성주는 마치 몇 달을 굶은 것처럼 **뼈만 남아** 있었다.
>
> ㉡ 닭에 붙은 살을 모두 발라 먹었더니 접시 위에 **뼈만 남았다.**

① ㉠

② ㉡

③ ㉠, ㉡

7 다음 일기를 읽고 빈칸에 들어갈 내용으로 알맞은 것을 골라 보세요. (   )

> **20○○년 11월 ○일**
>
> 오늘 도서관에서 수연이가 추천해 준 책을 읽었다. 나는 책을 별로 좋아하지 않는데 그 책은 재미있었다. 그리고 [   ] 교훈도 담겨 있었다. 내 동생 민주에게도 읽어 보라고 추천해 주어야지!

① 뼈에 새긴

② 뼈만 남은

③ 뼈와 살이 되는

행복한 왕자

오스카 와일드

옛날 어느 마을 한가운데에 왕자 동상이 있었어요. 왕자의 몸은 황금으로 둘러싸여 있었고, 양쪽 눈과 검에는 보석이 박혀 있었어요. 사람들은 온몸이 번쩍거리는 왕자가 행복해 보인다며 '행복한 왕자'라고 불렀지요.

어느 추운 날, 제비 한 마리가 날아왔어요. 제비는 왕자 동상에서 하룻밤을 머물고 가려고 했어요. 그때, 왕자 동상이 제비에게 말을 걸었어요.

"제비야, 검에 있는 보석을 빼서 언덕 너머에 있는 집에 가져다주겠니? 그곳에는 어머니와 아픈 아이가 살고 있어. 집이 가난해서 아이가 먹고 싶다는 음식을 어머니가 사 주지 못해 슬퍼하고 있단다. 그들을 도와주고 싶어."

제비는 왕자의 부탁을 들어주었어요. 다음 날, 왕자는 눈에 있는 보석을 빼서 가난한 작가에게 가져다주라고 부탁했어요. 하지만 제비는 눈에 있는 보석을 빼면 왕자의 모습이 아름다워 보이지 않을 것이고, 사람들도 왕자 동상을 '행복한 왕자'라고 부르지 않을 거라며 거절했어요.

"너의 말처럼 겉으로 보이는 모습도 중요하지만, 내게는 다른 사람을 돕는 일이 더욱 중요하단다. 내가 가진 것을 나눌 때 더욱 행복하기 때문이지."

제비는 왕자의 겉모습이 아닌 마음이 진정으로 아름답다고 생각하면서 왕자의 말을 ㉠**뼈에 새겼어요.** 그러고는 왕자의 부탁을 들어주겠다고 했어요. 제비는 왕자의 한쪽 눈에 남은 보석과 몸을 둘러싸고 있던 황금을 모두 떼어서 어려운 사람들에게 나눠 주었지요. 왕자의 모습은 초라해졌고, 왕자를 돕느라 아무것도 먹지 못한 제비는 ⬚ ㉡ ⬚ 되었어요. 하지만 마음은 누구보다 행복했답니다.

8 사람들이 왕자 동상을 무엇이라고 불렀는지 골라 보세요. ( )

① 가난한 왕자   ② 잘생긴 왕자

③ 아픈 왕자   ④ 행복한 왕자

9 ㉠과 뜻이 비슷한 말을 골라 보세요. ( )

① 도움이 되었어요.   ② 단단히 마음에 기억했어요.

③ 살이 쪘어요.   ④ 오랫동안 먹지 못해서 여위었어요.

10 일이 일어난 순서대로 번호를 써 보세요. (　　→　　→　　→　　)

① 온몸이 번쩍거리던 왕자의 모습이 초라해졌어요.

② 제비가 왕자의 검에 있는 보석을 빼서 언덕 너머에 있는 집에 가져다주었어요.

③ 제비 한 마리가 왕자 동상이 있는 곳으로 날아왔어요.

④ 왕자가 제비에게 자신의 눈에 있는 보석을 가난한 작가에게 가져다주라고 부탁했어요.

11 다음 문장을 읽고 빈칸에 들어갈 알맞은 말을 글에서 찾아 써 보세요. ( )

> 제비는 왕자의 겉모습이 아닌 마음이 진정으로 ☐고 생각했어요.

12 ㉡에 들어갈 관용어로 알맞은 것을 골라 보세요. ( )

① 뼈와 살이   ② 뼈만 남게

③ 뼈에 사무치게   ④ 뼈에 새기게

1 다음 관용어에 알맞은 뜻풀이를 찾아 선으로 이어 보세요.

(1) 얼굴을 내밀다. ●   ● 일, 모임에 모습을 나타내다.

(2) 손가락을 빨다. ●   ● 놀라거나 당황해서 말을 제대로 못하다.

(3) 뼈에 새기다. ●   ● 옆에서 구경만 하다.

(4) 혀가 굳다. ●   ● 잊지 않도록 단단히 마음에 기억하다.

(5) 뼈와 살이 되다. ●   ● 정신적으로 도움이 되다.

2 다음 뜻풀이에 알맞은 관용어를 보기에서 골라 써 보세요.

| 보기 | 얼굴이 두껍다 | 뼈만 남다 | 손가락을 꼽다 | 혀가 짧다 |

(1) 부끄러움을 모르고 염치가 없다.   (   )

(2) 발음이 명확하지 않거나 말을 더듬다.   (   )

(3) 날짜를 세어 가며 간절히 기다리다.   (   )

(4) 먹지 못하거나 아파서 지나치게 여위다.   (   )

3 괄호 안에 들어갈 알맞은 말을 골라 ○ 해 보세요.

(1) 세뱃돈을 받아서 행복하다고 종수의 (얼굴에 / 뼈에) 씌어 있었다.

(2) 부모님은 진규에게 공부하라고 (코가 / 혀가) 닳게 이야기하셨다.

(3) 몸이 너무 아파서 (손가락 / 어깨) 하나도 움직이지 못하겠다.

4 괄호 안에 들어갈 알맞은 말을 보기 에서 골라 써 보세요.

보기	얼굴	뼈	손가락	혀

나는 교통사고를 목격하고는 어찌할 바를 몰라 (   )만 빨고 있었다. 구조대원이 사고가 일어났을 때 어떤 상황이었는지 물어봤지만 (   )가 굳어서 아무 말도 못 했다. 오늘 일을 아버지께 말씀드렸더니 다음에 사고 현장을 보게 되면, 가장 먼저 119에 신고해야 한다고 알려 주셨다. 아버지의 말씀을 (   )에 새겨야겠다.

5 괄호 안에 들어갈 알맞은 말을 골라 ○ 해 보세요.

(1) 그녀는 툭하면 돈을 빌릴 정도로 얼굴이 (굳었다. / 두꺼웠다.)

(2) 재윤이는 혀가 (짧아서 / 닳아서) 무슨 말을 하는지 알아듣기 어렵다.

(3) 지나친 다이어트 때문에 그는 뼈만 (남아 / 두꺼워져) 있었다.

6 괄호 안에 들어갈 알맞은 말을 보기 에서 골라 써 보세요.

| 보기 | 빨고 | 꼽으며 | 씌어 있다 |

(1) 수현이는 주말이 오기를 손가락을 (   ) 기다렸다.

(2) 예진이를 좋아한다고 민기의 얼굴에 (   ).

(3) 그는 물건을 훔치는 사람을 보고도 손가락만 (   ) 있었다.

7 밑줄 친 부분과 뜻이 비슷한 관용어를 보기 에서 골라 그 기호를 써 보세요.

| 보기 | ㉠ 뼈와 살이 되다 | ㉡ 혀가 닳다 | ㉢ 얼굴을 내밀다 |

(1) 고모는 우리에게 **정신적으로 도움이 되는** 조언을 해 주셨다.   (   )

(2) 영수는 삼 년 만에 **모임에 모습을 나타냈다**.   (   )

(3) 운동을 하라고 **계속해서 말해도** 그녀는 듣지 않았다.   (   )

8 다음 문장에서 밑줄 친 부분을 바르게 고쳐 써 보세요.

(1) 희재는 좋아하는 친구 앞에만 가면 혀가 **닳았다**.

→ ☐☐☐

(2) 그녀는 부모님의 유언을 뼈에 **남았다**.

→ ☐☐☐

(3) 지윤이가 화났다는 사실이 그녀의 얼굴에 **두껍게 있었다**.

→ ☐☐ ☐☐☐

(4) 우진이는 손가락을 **빨며** 크리스마스가 되기를 기다렸다.

→ ☐☐☐

9 다음 글에서 진규의 상황에 어울리는 관용어는 무엇인지 골라 보세요. (   )

> "진규야, 아무래도 독감에 걸린 것 같구나. 병원에 가야겠다."
>
> "엄마, 너무 아파서 못 움직이겠어요. 병원에 못 갈 것 같아요."

① 뼈와 살이 되다   ② 손가락 하나도 움직이지 못하다

③ 혀가 굳다   ④ 얼굴이 두껍다

몸과 관련된 관용어

관용어를 적절하게 사용해서 말하면 자신의 생각을 짧은 말로 정리할 수 있고, 전하고 싶은 내용을 효과적으로 표현할 수 있어요. 그리고 관용어에는 재미있는 표현이 많아서 듣는 사람의 관심을 불러일으킬 수 있어요. 앞서 배운 관용어 외에 몸과 관련된 관용어는 어떤 것이 있는지 더 알아볼까요?

얼굴을 들다

뜻 남을 떳떳하게 대하다.
예 시험에 떨어지자 얼굴을 들고 부모님을 뵐 용기가 없었다.

혀를 깨물다

뜻 어떤 일을 힘들게 억지로 참다.
예 나는 고통이 심했지만 혀를 깨물고 참았다.

손가락 안에 꼽히다

뜻 어떤 단체나 무리 중에서 몇 되지 않게 특별하다.
예 그녀의 연기는 배우들 중에서 손가락 안에 꼽힐 정도이다.

뼈를 묻다

뜻 단체나 조직에 평생토록 헌신하며 충성하다.
예 그는 이 회사에 뼈를 묻을 작정이다.

관용어 진단 평가

 QR코드를 스캔하거나
키출판사 홈페이지를 방문하여
추가 진단 평가도 풀어 보세요.
(www.keymedia.co.kr)

관용어 진단 평가

( )초등학교 ( )학년 ( )반 이름( )

- 문제를 잘 읽고 괄호 안에 알맞은 답을 쓰세요.
- 정답과 해설은 144쪽을 참고하세요.
- 총 16문제입니다.

1 다음 뜻풀이에 알맞은 관용어는 무엇인가요?
···( )

> 친하게 지내거나 아는 사람이 많다.

① 발이 빠르다   ② 발이 넓다
③ 발 벗고 나서다   ④ 발을 끊다

2 다음 뜻풀이에 알맞은 관용어는 무엇인가요?
···( )

> 발음이 명확하지 않거나 말을 더듬다.

① 혀를 내밀다   ② 혀가 굳다
③ 혀가 닳다   ④ 혀가 짧다

3 빈칸에 들어갈 알맞은 말은 무엇인가요? ········( )

> 승철이는 공부하라는 말을 □에 못이 박히게 듣곤 했다.

① 귀   ② 배
③ 혀   ④ 가슴

4 빈칸에 들어갈 알맞은 말은 무엇인가요? ········( )

> 지윤이는 모임에 잠시 □만 내밀고는 서둘러 자리를 떴다.

① 어깨   ② 발
③ 손   ④ 얼굴

5 빈칸에 공통으로 들어갈 알맞은 말은 무엇인가요?
···( )

> - 그는 복권에 당첨되었다는 말에 □이 번쩍 뜨였다.
> - 가족이 □에 밟혀서 고향을 떠날 수 없다.

① 머리   ② 눈
③ 등   ④ 목

6 밑줄 친 ㉠과 뜻이 비슷한 말은 무엇인가요?
···( )

> 늘 자신만만하던 승재는 시합에서 패배하자 **㉠코가 납작해졌다.**

① 기가 죽었다.
② 잘난 체하며 거만했다.
③ 잠을 잤다.
④ 적극적으로 나섰다.

7 밑줄 친 ⊙과 뜻이 비슷한 말은 무엇인가요?
.... ( )

> 유림이와 재희는 의견 차이를 좁히지 못하고 결국 ⊙**등을 지게** 되었다.

① 주의 깊게 듣게   ② 함께 일을 하게

③ 사이가 나빠지게   ④ 으쓱해지게

8 ⊙과 ⓒ에 들어갈 알맞은 말은 무엇인가요? ···( )

> • 경수는 몇 달을 굶은 것처럼 　⊙　 만 남아 있었다.
> • 연수는 친구들의 응원을 　ⓒ　 에 업고 더 열심히 달렸다.

	⊙	ⓒ
①	손	발
②	뼈	등
③	혀	귀
④	등	배

9 ⊙과 ⓒ에 들어갈 알맞은 말은 무엇인가요? ···( )

> • 연설을 시작하기 전, 도영이는 헛기침을 하며 목을 　⊙　.
> • 두 회사는 손을 　ⓒ　 함께 상품 개발을 시작했다.

	⊙	ⓒ
①	기울였다	새기고
②	끊었다	내밀고
③	풀었다	잡고
④	모았다	펴고

10 빈칸에 들어갈 알맞은 말은 무엇인가요? ········( )

> "현규야, 네가 축구를 가장 잘하니까 주장을 맡는 게 어때? 친구들도 너를 추천했어."
> "고마워. 　　　　 열심히 해 볼게!"

① 어깨가 무겁지만

② 목이 빠지게 기다리지만

③ 얼굴에 씌어 있지만

④ 손이 맵지만

11 정윤이의 상황에 어울리는 관용어는 무엇인가요?
.... ( )

> "정윤아, 내가 어제 했던 이야기는 비밀이니까 아무한테도 말하면 안 돼."
> "정말? 미안해. 해원이한테 이미 얘기했어."

① 가슴에 멍이 들다

② 목을 축이다

③ 등에 업다

④ 입이 가볍다

12 심청이의 상황에 어울리는 관용어는 무엇인가요?
.... ( )

> 심청이는 아버지를 위해 제물이 되어 인당수에 뛰어들기로 마음먹었어요. 배에 오르기 전, 심청이는 아버지가 자꾸만 생각났어요.

① 어깨를 견주다   ② 뼈와 살이 되다

③ 배가 아프다   ④ 눈에 밟히다

옛날 옛적에 형 놀부와 동생 흥부가 있었어요. 놀부는 욕심이 많았고 흥부는 마음씨가 착했어요. 부모님이 돌아가신 후, 놀부는 흥부를 내쫓고 집과 돈을 모두 가졌어요. 그러고는 배를 　⊙　 살았지요.

어느 날, 흥부가 놀부를 찾아갔어요. 흥부는 며칠 동안 아무것도 먹지 못해서 　⊙　가 　⊙　에 붙었다며 놀부에게 음식을 조금만 나눠 달라고 부탁했어요. 하지만 놀부는 이번에도 흥부에게 아무것도 주지 않고, 집 밖으로 내쫓았어요.

13 ⊙에 들어갈 알맞은 말은 무엇인가요? ·········· (　　)

① 꼽으며

② 떠밀며

③ 두드리며

④ 죽이며

14 ⊙과 ⊙에 들어갈 알맞은 말은 무엇인가요? ···· (　　)

	⊙	⊙
①	어깨	가슴
②	배	등
③	귀	입
④	목	눈

스승님이 제자들에게 이야기했습니다.

"진정한 아름다움은 내면에서 우러나오는 것이다. 다른 사람을 존중하고 배려하는 사람, 길에 버려진 쓰레기를 줍는 사람처럼 마음씨가 고운 사람이 진정으로 아름답다고 할 수 있지. 훗날 마음씨가 고운 사람과 혼인한다면 부부가 서로 싸우고 화내는 날보다 함께 돕고 웃으며 지내는 날이 많을 것이다. 너희에게 ⊙**도움이 되는** 말이니 기억해 두거라."

제자들은 고개를 끄덕이며 ⊙**스승님의 말씀을 뼈에 새겼습니다.**

15 ⊙과 바꾸어 쓸 수 있는 말은 무엇인가요? ······· (　　)

① 눈이 번쩍 뜨이는

② 머리를 긁는

③ 뼈와 살이 되는

④ 등을 지는

16 ⊙의 의미로 알맞은 것은 무엇인가요? ··········· (　　)

① 스승님의 말씀을 단단히 마음에 기억했다.

② 스승님의 말씀을 쉽게 받아들였다.

③ 스승님의 말씀을 여러 번 들었다.

④ 스승님이 말씀하실 때 옆에서 구경만 했다.

초등 국어 어휘력이 독해력이다 + 플러스

관용어편 ①

정답과 해설

1단원

어휘 학습

1 눈
2 (1) 눈을 붙이다.
   (2) 눈이 번쩍 뜨이다.
   (3) 눈에 밟히다.
3 (1) 붙이려고
   (2) 번쩍 뜨일
   (3) 밟혀서

어휘 적용

4 ②
5 ③
6 ②
7 ③

독해력 키우기

8 ①
9 ③
10 ③ → ① → ④ → ②
11 효심
12 ③

---

6 ㉠ 인형 얼굴에 있는 '눈'이 떨어져서 다시 붙였다는 뜻
이므로 관용어를 사용하지 않은 문장입니다.
㉡ 밤새 잠을 잘 수 없었다는 뜻이므로 관용어 '눈을 붙
이다'를 사용한 문장입니다.

12 ① '눈이 많다'는 보는 사람이 많다는 뜻입니다.

어휘 학습

1 코
2 (1) 코가 빠지다.
   (2) 코가 납작해지다.
   (3) 코가 높다.
3 (1) 빠진
   (2) 납작해졌다
   (3) 높아서

어휘 적용

4 ①
5 ③
6 ①
7 ③

독해력 키우기

8 ②
9 ④
10 ④
11 사과
12 ①

---

6 민영이는 오늘 경기에서 자신이 이겼고 승윤이가 졌다
고 말하고 있으므로 관용어 '코가 납작해지다'로 바꿔
말해야 합니다.

10 ① 지난번에 했던 축구 시합에서는 1반이 이기고, 재민
이네 반이 졌습니다.
② 시합 전에는 태성이가 재민이에게 비아냥거렸으므
로 옳지 않습니다.
③ 전반전에 골을 넣었다는 내용이 없으므로 옳지 않습
니다.

12 ③ '코를 빠뜨리다'는 다 되어 가는 일을 망친다는 뜻입
니다.

어휘 학습

1 귀

2 (1) 귀를 기울이다.
  (2) 귀가 얇다.
  (3) 귀에 못이 박히다.

3 (1) 얇은
  (2) 못이 박히게
  (3) 기울였다

어휘 적용

4 ③

5 ②

6 ①

7 ③

독해력 키우기

8 ①

9 ④

10 ② → ④ → ① → ③

11 한살이

12 ②

어휘 학습

1 입

2 (1) 입이 짧다.
  (2) 입이 가볍다.
  (3) 입을 모으다.

3 (1) 모았다
  (2) 짧아서
  (3) 가벼워서

어휘 적용

4 ③

5 ①

6 ③

7 ②

독해력 키우기

8 ②

9 ①

10 ①, ③

11 다수결

12 ②

6 성민이는 부모님의 잔소리를 여러 번 들었다고 말하고 있으므로 관용어 '귀에 못이 박히다'로 바꿔 말해야 합니다.

8 동생 상훈이는 화단에 장미를 키우고 싶다고 했고, 나는 토마토를 키우고 싶다고 했습니다.

12 ④ '귀에 거슬리다'는 어떤 말이 자신의 생각과 맞지 않아서 기분이 좋지 않다는 뜻입니다.

6 ㉠의 반찬 투정이 심하다는 내용, ㉡의 입맛을 맞추기 쉽지 않다는 내용은 음식을 심하게 가린다는 뜻을 가진 관용어 '입이 짧다'와 어울립니다. 따라서 ㉠, ㉡ 모두 관용어를 사용한 문장입니다.

10 ② 정지민, 김민경은 박승진을 추천했습니다. 하지만 최윤철은 박승진이 자신의 이야기를 퍼뜨리고 다닌다고 했으며, 추천한다는 말은 하지 않았습니다. 따라서 박승진을 추천한 친구는 정지민, 김민경 총 2명입니다.
④ 박승진이 교통경찰이 되는 것에 찬성한 사람은 20명이었으므로 옳지 않습니다.

12 ① '입을 다물다'는 하던 말을 그치거나 비밀을 지키기 위해 말을 하지 않는다는 뜻입니다.

1 (1) 말이 많고 비밀을 잘 지키지 않는다.
　(2) 몹시 무안을 당하거나 기가 죽다.
　(3) 정신이 갑자기 들다.
　(4) 같은 말을 여러 번 듣다.
　(5) 관심을 가지고 주의 깊게 듣다.

2 (1) 눈을 붙이다
　(2) 코가 높다
　(3) 입을 모으다
　(4) 귀가 얇다

3 (1) 입이
　(2) 코가
　(3) 눈에

4 (순서대로) 입, 귀, 코

5 (1) 얇아서
　(2) 붙였더니
　(3) 가벼운

6 (1) 빠져
　(2) 밟혀서
　(3) 박히도록

7 (1) ㉡
　(2) ㉠
　(3) ㉢

8 (1) 납작해졌다
　(2) 얇아서
　(3) 가벼워서
　(4) 기울였다

9 ②

9 민아는 생선, 불고기, 치킨이 싫다고 하면서 음식을 심하게 가리고 있으므로 관용어 '입이 짧다'와 어울립니다.

2단원

어휘 학습

1 손
2 (1) 손을 잡다.
　(2) 손이 크다.
　(3) 손이 맵다.
3 (1) 잡고
　(2) 매운
　(3) 크셔서

어휘 적용

4 ①
5 ③
6 ②
7 ③

독해력 키우기

8 ④
9 ②
10 ①, ③
11 세시 풍속
12 ③

6 ㉠ 신체 부위인 '손'의 크기가 크다는 뜻이므로 관용어를 사용하지 않은 문장입니다.
　㉡ 씀씀이가 커서 음식 재료를 잔뜩 사 왔다는 내용이므로 관용어 '손이 크다'를 사용한 문장입니다.

10 ② 영양을 보충하려고 삼계탕을 먹는 때는 삼복입니다.
　④ 한 해 농사에 감사하는 마음으로 송편을 빚어 먹는 때는 추석입니다.

12 ④ '손을 쓰다'는 어떠한 일에 필요한 조치를 취한다는 뜻입니다.

어휘 학습

1   발
2   (1) 발이 넓다.
      (2) 발 벗고 나서다.
      (3) 발을 끊다.
3   (1) 벗고 나섰다
      (2) 넓어서
      (3) 끊었다

어휘 적용

4   ①
5   ②
6   ①
7   ②

독해력 키우기

8   ③
9   ①
10   (1) ○   (2) ✕   (3) ○   (4) ○
11   체험 마을
12   ④

어휘 학습

1   어깨
2   (1) 어깨가 올라가다.
      (2) 어깨가 무겁다.
      (3) 어깨를 견주다.
3   (1) 견줄
      (2) 올라갔다
      (3) 무거웠다

어휘 적용

4   ③
5   ②
6   ②
7   ①

독해력 키우기

8   ④
9   ①
10   ②, ③
11   예방
12   ③

---

6   다희는 윤아가 아는 사람이 많다고 말하고 있으므로 관용어 '발이 넓다'로 바꿔 말해야 합니다.

8   ② 산지촌은 산지에 이루어진 마을로 이곳에 사는 사람들은 임업, 목축업 등을 합니다.

10   (2) 지역을 떠난 사람들도 다시 찾아오기를 바란다고 했기 때문에 '인구를 줄이기 위해 사람들을 도시로 보낸다'는 내용은 옳지 않습니다.

12   ③ '발이 빠르다'는 어떤 일에 대한 대책을 빠르게 세운다는 뜻입니다.

6   ㉠ 무거운 가방 때문에 신체 부위인 '어깨'가 무겁다는 뜻이므로 관용어를 사용하지 않은 문장입니다.
     ㉡ 주장을 맡게 되어 마음의 부담이 크다는 뜻이므로 관용어 '어깨가 무겁다'를 사용한 문장입니다.

10   ① 여름이 아닌 봄에 산불 위험 지수가 높아진다고 했으므로 옳지 않습니다.
     ④ 산에 오를 때는 라이터 같은 화기성 물질을 가지고 가지 않는 것이 좋다고 했으므로 옳지 않습니다.

12   ① '어깨가 가볍다'는 무거운 책임에서 벗어나거나 그 책임이 줄어들어 마음이 편안하다는 뜻입니다.

어휘 학습

1 가슴

2 (1) 가슴에 멍이 들다.
   (2) 가슴이 방망이질하다.
   (3) 가슴이 뜨끔하다.

3 (1) 멍이 들었다
   (2) 뜨끔했지만
   (3) 방망이질했다

어휘 적용

4 ②

5 ②

6 ①

7 ③

독해력 키우기

8 ②

9 ③

10 (1) ○   (2) ✕   (3) ○   (4) ✕

11 공공 기관

12 ③

6 ㉠ 배신을 당해서 마음에 슬픔이 남았다는 뜻이므로 관용어 '가슴에 멍이 들다'를 사용한 문장입니다.
㉡ 공에 맞아서 신체 부위인 '가슴'에 멍이 들었다는 뜻이므로 관용어를 사용하지 않은 문장입니다.

10 (2) 점심시간이 아닌 저녁 시간에 공공 기관의 주차장을 개방하자고 했으므로 옳지 않습니다.
(4) 골목길에 주차하는 것을 허용하자는 의견은 주민회의 때 나오지 않았으므로 옳지 않습니다.

12 ④ '가슴이 후련하다'는 마음이 시원해진다는 뜻입니다.

1 (1) 손으로 살짝 때려도 몹시 아프다.
   (2) 어떤 일에 적극적으로 나서다.
   (3) 씀씀이가 넉넉하고 크다.
   (4) 칭찬을 받거나 하여 기분이 으쓱해지다.
   (5) 마음속에 지울 수 없는 슬픔이 남다.

2 (1) 손을 잡다
   (2) 발을 끊다
   (3) 어깨가 무겁다
   (4) 가슴이 뜨끔하다

3 (1) 발이
   (2) 어깨를
   (3) 가슴이

4 (순서대로) 손, 발, 어깨

5 (1) 끊었다.
   (2) 매운
   (3) 뜨끔했다.

6 (1) 커서
   (2) 견줄
   (3) 넓어서

7 (1) ㉡
   (2) ㉢
   (3) ㉠

8 (1) 매운
   (2) 끊었다
   (3) 뜨끔했다
   (4) 무거웠다

9 ④

9 '상다리가 부러지다'는 상에 음식을 매우 많이 차려 놓는다는 뜻의 관용어입니다. 즉, 이모가 음식을 푸짐하게 차린 상황이므로 씀씀이가 넉넉하다는 뜻의 관용어 '손이 크다'와 어울립니다.

3단원

11	머리와 관련된 관용어	70쪽

어휘 학습

1 머리

2 (1) 머리를 굴리다.
  (2) 머리를 맞대다.
  (3) 머리를 긁다.

3 (1) 굴렸다
  (2) 맞대고
  (3) 긁으며

어휘 적용

4 ①
5 ②
6 ②
7 ③

독해력 키우기

8 ②
9 ③
10 ②, ④
11 근거
12 ①

12	목과 관련된 관용어	76쪽

어휘 학습

1 목

2 (1) 목을 축이다.
  (2) 목을 풀다.
  (3) 목이 빠지게 기다리다.

3 (1) 풀었다
  (2) 빠지게 기다렸다
  (3) 축이고

어휘 적용

4 ③
5 ②
6 ③
7 ①

독해력 키우기

8 ④
9 ①
10 (1) ✕   (2) ✕   (3) ○   (4) ✕
11 문화유산
12 ①

---

6 ㉠ 신체 부위인 '머리'가 간지러워서 긁었다는 뜻이므로 관용어를 사용하지 않은 문장입니다.
㉡ 부끄러워서 어쩔 줄 몰라 했다는 뜻이므로 관용어 '머리를 긁다'를 사용한 문장입니다.

9 ① '머리가 굳다'는 사고하는 능력이나 기억력 등이 예전만큼 못하다는 뜻입니다.

10 ① 희연이가 자신의 의견에 대한 근거를 말할 때, 반에 책 읽기를 싫어해서 독서 시간까지 싫어하는 친구들이 있다고 했으므로 옳지 않습니다.
③ 윤지는 학습 만화책을 읽자는 희연이의 의견에 반대했을 뿐이며, 인물책을 읽자고 하지 않았으므로 옳지 않습니다.

6 ㉠의 연설을 앞두고 있다는 내용, ㉡의 노래를 부르기 전에 헛기침을 한다는 내용은 목소리를 가다듬는다는 뜻의 관용어 '목을 풀다'와 어울립니다. 따라서 ㉠, ㉡ 모두 관용어를 사용한 문장입니다.

10 (1) 조선 시대에 만들어졌다고 했으므로 옳지 않습니다.
(2) 『화성성역의궤』를 참고해 복원했다고 했으므로 옳지 않습니다.
(4) 평상시에는 봉돈에 있는 굴뚝을 하나만 사용했다고 했으므로 옳지 않습니다.

12 ④ '목에 거미줄 치다'는 가난하여 아무것도 먹지 못하는 상황이 된다는 뜻입니다.

어휘 학습

1 배

2 (1) 배가 아프다.
   (2) 배가 등에 붙다.
   (3) 배를 두드리다.

3 (1) 등에 붙을
   (2) 두드리며
   (3) 아팠다

어휘 적용

4 ①

5 ③

6 ①

7 ②

독해력 키우기

8 ①

9 ④

10 ③

11 기부

12 ③

어휘 학습

1 등

2 (1) 등을 지다.
   (2) 등을 떠밀다.
   (3) 등에 업다.

3 (1) 떠밀어
   (2) 지게
   (3) 업고

어휘 적용

4 ③

5 ①

6 ①

7 ②

독해력 키우기

8 ②

9 ④

10 ③

11 공정

12 ①

---

6 ㉠ 친구가 시험에 합격해서 심술이 난다는 뜻이므로 관용어 '배가 아프다'를 사용한 문장입니다.
㉡ 음식이 상해서 배탈이 난 것 같다는 뜻이므로 관용어를 사용하지 않은 문장입니다.

10 ③ 난민이 늘어나면서 임시 보호소에 음식과 옷, 생활 용품 등이 부족하다고 했으므로 알맞은 답입니다.

12 ④ '배를 잡다'는 몹시 우스워 크게 웃는다는 뜻입니다.

6 혜민이는 출전하고 싶지 않은데 억지로 경기에 나왔다고 말하고 있으므로 관용어 '등을 떠밀다'로 바꿔 말해야 합니다.

10 ③ 우택이는 반 대표 선수로 뽑혔지만, 태희는 대표 선수로 나가길 원하지 않아서 뽑히지 않았습니다. 따라서 옳지 않습니다.

12 ④ '등을 보이다'는 남의 어려움을 못 본 척하고 외면하거나 도움을 주지 않는다는 뜻입니다.

15 확인 학습　94쪽

1 (1) 남의 힘이나 세력에 의지하다.
　(2) 생활이 풍족하여 편하게 지내다.
　(3) 서로 모여서 어떤 일을 의논하다.
　(4) 목이 말라 물 등을 마시다.
　(5) 남에게 억지로 일을 하게 만들다.

2 (1) 머리를 긁다
　(2) 목을 풀다
　(3) 배가 아프다
　(4) 등을 지다

3 (1) 머리를
　(2) 목이
　(3) 배가

4 (순서대로) 목, 머리, 등

5 (1) 축였다.
　(2) 아팠다.
　(3) 지게

6 (1) 두드리며
　(2) 떠밀었다
　(3) 굴려도

7 (1) ㉢
　(2) ㉡
　(3) ㉠

8 (1) 풀었다
　(2) 업고
　(3) 긁으며
　(4) 아프다

9 ①

8 (4) '사촌이 땅을 사면 배가 아프다'는 남이 잘되는 것을 기뻐해 주지는 않고 오히려 질투하고 시기한다는 뜻의 속담입니다.

9 경호는 택배가 오기를 몹시 기다리고 있는 상황이므로 관용어 '목이 빠지게 기다리다'와 어울립니다.

16 얼굴과 관련된 관용어　100쪽

어휘 학습

1 얼굴

2 (1) 얼굴을 내밀다.
　(2) 얼굴에 씌어 있다.
　(3) 얼굴이 두껍다.

3 (1) 내밀었다
　(2) 두꺼워서
　(3) 씌어 있어

어휘 적용

4 ③

5 ①

6 ②

7 ②

독해력 키우기

8 ④

9 ③

10 ①, ④

11 환경 보호

12 ②

6 ㉠ 문밖으로 신체 부위인 '얼굴'을 내밀었다는 뜻이므로 관용어를 사용하지 않은 문장입니다.
㉡ 가족 모임에 모습을 나타냈다는 뜻이므로 관용어 '얼굴을 내밀다'를 사용한 문장입니다.

10 ② 영균이와 친구들은 캠페인을 맡았다고 했으므로 옳지 않습니다.
③ 뉴스에 보도된 것은 공장 사장님이 하천에 오염된 물을 흘려 보냈던 일이므로 옳지 않습니다.

12 ① '얼굴이 피다'는 얼굴에 살이 오르고 얼굴빛이 좋아진다는 뜻입니다.

어휘 학습

1   혀

2   (1) 혀가 짧다.
    (2) 혀가 닳다.
    (3) 혀가 굳다.

3   (1) 굳었다
    (2) 닳도록
    (3) 짧아서

어휘 적용

4   ③
5   ②
6   ①
7   ③

독해력 키우기

8   ②
9   ③
10 ④
11 결과
12 ④

어휘 학습

1   손가락

2   (1) 손가락을 꼽다.
    (2) 손가락을 빨다.
    (3) 손가락 하나도 움직이지 못하다.

3   (1) 꼽으며
    (2) 빨았다
    (3) 움직이지 못할

어휘 적용

4   ③
5   ②
6   ①
7   ③

독해력 키우기

8   ④
9   ②
10 ③
11 건국 신화
12 ①

6   ㉠ 발음이 명확하지 않아서 알아듣기 어렵다는 뜻이므로 관용어 '혀가 짧다'를 사용한 문장입니다.
    ㉡ 입 안에 있는 '혀'의 길이가 짧다는 뜻이므로 관용어를 사용하지 않은 문장입니다.

10 ① 웅찬이는 매일 저녁마다 달리기 연습을 했으므로 옳지 않습니다.
    ② 웅찬이는 경기 도중에 넘어졌지만 포기하지 않고 결승선까지 달렸으므로 옳지 않습니다.
    ③ 웅찬이는 최선을 다했기 때문에 결과와 상관없이 뿌듯하다고 했으므로 옳지 않습니다.

12 ③ '혀를 내두르다'는 몹시 놀라거나 어이없어서 말을 못 한다는 뜻입니다.

6   ㉠ 사고가 났는데도 구경만 하고 있었다는 뜻이므로 관용어 '손가락을 빨다'를 사용한 문장입니다.
    ㉡ 신체 부위인 '손가락'을 입에 넣고 빨다는 뜻이므로 관용어를 사용하지 않은 문장입니다.

10 ③ 사람으로 변한 곰이 '웅녀'라는 이름을 갖게 된 것이므로 옳지 않습니다.

12 ④ '손가락 하나 까딱 않다'는 아무 일도 안 하고 뻔뻔하게 놀고만 있다는 뜻입니다.

어휘 학습

1 뼈

2 (1) 뼈와 살이 되다.
(2) 뼈에 새기다.
(3) 뼈만 남다.

3 (1) 새기고
(2) 살이 되는
(3) 남은

어휘 적용

4 ①

5 ②

6 ①

7 ③

독해력 키우기

8 ④

9 ②

10 ③ → ② → ④ → ①

11 아름답다

12 ②

6 ㉠ 오랫동안 먹지 못해서 지나치게 여위었다는 뜻이므로 관용어 '뼈만 남다'를 사용한 문장입니다.
㉡ 닭의 살 속에 있는 '뼈'만 남았다는 뜻이므로 관용어를 사용하지 않은 문장입니다.

12 ③ '뼈에 사무치다'는 원한이나 고통 등이 아주 강하다는 뜻입니다.

1 (1) 일, 모임에 모습을 나타내다.
(2) 옆에서 구경만 하다.
(3) 잊지 않도록 단단히 마음에 기억하다.
(4) 놀라거나 당황해서 말을 제대로 못하다.
(5) 정신적으로 도움이 되다.

2 (1) 얼굴이 두껍다
(2) 혀가 짧다
(3) 손가락을 꼽다
(4) 뼈만 남다

3 (1) 얼굴에
(2) 혀가
(3) 손가락

4 (순서대로) 손가락, 혀, 뼈

5 (1) 두꺼웠다.
(2) 짧아서
(3) 남아

6 (1) 꼽으며
(2) 씌어 있다
(3) 빨고

7 (1) ㉠
(2) ㉢
(3) ㉡

8 (1) 굳었다
(2) 새겼다
(3) 씌어 있었다
(4) 꼽으며

9 ②

9 진규는 너무 아파서 움직이지 못하는 상황이므로 관용어 '손가락 하나도 움직이지 못하다'와 어울립니다.

1	②
2	④
3	①
4	④
5	②
6	①
7	③
8	②
9	③
10	①
11	④
12	④
13	③
14	②
15	③
16	①

10 현규는 주장을 맡아 책임을 지게 된 상황이므로 관용어 '어깨가 무겁다'가 맞습니다.

11 정윤이는 친구의 비밀을 지키지 않고 해원이에게 이야기한 상황이므로 관용어 '입이 가볍다'가 맞습니다.

12 심청이에게 아버지의 모습이 자꾸 떠오르는 상황이므로 관용어 '눈에 밟히다'가 맞습니다.

13 놀부는 흥부를 내쫓고 집과 돈을 모두 가졌다고 했으므로 '생활이 풍족하여 편하게 지내다'라는 뜻의 관용어 '배를 두드리다'가 맞습니다.

14 흥부가 며칠 동안 아무것도 먹지 못했다고 했으므로 관용어 '배가 등에 붙다'가 맞습니다.

15 ① 관용어 '눈이 번쩍 뜨이다'의 뜻은 '정신이 갑자기 들다'입니다.
② 관용어 '머리를 긁다'의 뜻은 '수줍거나 무안해서 어쩔 줄을 모르다'입니다.
④ 관용어 '등을 지다'의 뜻은 '서로 사이가 나빠지다'입니다.

16 ② '다른 사람의 말을 쉽게 받아들인다'는 관용어 '귀가 얇다'의 뜻풀이입니다.
③ '같은 말을 여러 번 듣다'는 관용어 '귀에 못이 박히다'의 뜻풀이입니다.
④ '옆에서 구경만 하다'는 관용어 '손가락을 빨다'의 뜻풀이입니다.

키출판사 초등 국어 참고서 시리즈

입문 종합 독해

〈어휘력이 독해력이다〉 시리즈

교과 맞춤 독해

〈독해가 먼저다〉 시리즈

＊6학년 출간예정

심화 최상위 독해

〈초등 문해력 최상위 비문학 일3공〉 시리즈

문법 〈맞춤법＆문법〉 시리즈

어휘력 〈한자가 어휘력이다〉 시리즈

어렵고 낯선 관용어?
쉽고 재미있는 관용어!

- 익숙한 주제인 몸과 관련된 관용어를 학습해요.
- 이미지를 통해 관용어를 쉽게 이해하고, 재미있게 학습해요.
- 관용어의 뜻과 쓰임새를 한 번에 학습해요.

이런 학생에게 추천해요!

- 신체 부위인 '손이 크다'와 관용어 '손이 크다'를 구분하지 못하는 학생
- 기본적인 교과 어휘를 학습했으며, 심화 어휘를 학습하고 싶은 학생
- 어휘력과 독해력을 함께 향상시키고 싶은 학생

초등 국어 어휘력이 독해력이다 플러스 관용어편 1 **초판 2쇄 발행** 2023년 7월 **지은이** 키 초등 학습방법연구소 **그림** 민효인 **펴낸이** 김기중 **펴낸곳** (주)키출판사
전화 1644-8808 **팩스** (02) 733-1595 **등록** 1980. 3. 19. (제16-32호) **정가** 13,000원 **ISBN** 979-11-6526-376-8 (64710) **Copyright** ©(주)키출판사
이 책의 무단 복제, 복사, 전재는 저작권법에 저촉됩니다. 잘못 만들어진 책은 구입처에서 바꾸어 드립니다.

〈학습 부가 자료〉홈페이지 다운로드
자료 다운로드
www.keymedia.co.kr

KC마크는
이 제품이
공통안전기준에
적합하였음을
의미합니다.

정가 13,000원

64710

9 791165 263768

ISBN 979-11-6526-376-8 (64710)